Diseño interior y cubierta: RAG

Motivo de cubierta: Antonio Huelva Guerrero
Instagram: @sr.pomodoro

A partir de la traducción francesa del original hebreo, revisada por el autor:
Une race imaginaire. Courte histoire de la judéophobie (2020)

© Shlomo Sand, 2025

© Ediciones Akal, S. A., 2025
para lengua española
Sector Foresta, 1
28760 Tres Cantos
Madrid - España
Tel.: 918 061 996
Fax: 918 044 028
www.akal.com

ISBN: 978-84-460-5656-0
Depósito legal: M-3.226-2025

Impreso en España

Shlomo Sand

Una raza imaginaria
Breve historia de la judeofobia

Traducción de
Francisco López Martín

akal

ARGENTINA
ESPAÑA
MÉXICO

En memoria de Tzvetan Todorov
Tel Aviv - Niza, 2019

CAPÍTULO I

Una escritura subjetiva

—¡Los judíos son la causa de todas nuestras desgracias!
—¡No, son los ciclistas!
—¿Por qué los ciclistas?
—¿Por qué los judíos?

Chiste yiddish del siglo pasado.

Soy historiador. He escrito, pues, este breve ensayo basándome en los conocimientos que he adquirido y acumulado a lo largo de los años como estudiante y profesor. Sin embargo, debo advertir al lector desde el principio: nunca he considerado la historia como una ciencia, y siempre he sabido que reconstruir el pasado no es un proceso objetivo. Por supuesto, hay historiadores muy buenos y otros que no lo son tanto, igual que hay carpinteros excelentes y otros mediocres; pero todo narrador del pasado está influido por el espíritu de su tiempo y lugar; si es honesto, debe esforzarse por revelar, en la medida de lo posible, la subjetividad que influye y da forma a su enfoque de la historia.

Sería hipócrita por mi parte pretender ser neutral y adoptar un enfoque puramente «científico» al escribir este ensayo. Desde el principio, mi biografía invalidaría de inmediato cualquier pretensión de este tipo. Nací tras la Segunda Guerra Mundial, en un campo para judíos desplazados cerca de la ciudad austriaca de Linz. Poco después me trasladaron a otro campo en Baviera, donde viví dos años antes de que mis padres emigraran a Palestina, la actual Israel, en 1948. Mi madre y mi padre habían perdido a sus progenitores (mi abuelo y mis

7

dos abuelas), así como a otros miembros de su familia, en la gran masacre nazi: este acontecimiento me parece uno de los más horribles de la historia de la humanidad, pero también el resultado del largo desarrollo de la judeofobia que ha caracterizado a la civilización cristiana.

Por eso, cualquier intento por mi parte de presentarme como un investigador profesional, desprovisto de toda subjetividad, merecería el calificativo de hipócrita. Sin embargo, esto no me ha impedido esforzarme por comprender lo que ha sido el antijudaísmo, en sus diversas fases, y explorar sus causas. Tal cosa no implica en modo alguno una inclinación a encontrar excusas para ello. Aunque soy consciente de la imposibilidad de alcanzar «la Verdad» en el campo de las «ciencias humanas y sociales», nunca he pensado, pese a todo, que debamos renunciar a intentar acercarnos a ella.

Sabiendo que también tiendo a ser intolerante con todas las formas de vileza y estupidez humanas que alimentan el rechazo y la discriminación de las minorías lingüísticas, religiosas, sexuales, culturales o de otro tipo, imagino que los lectores encontrarán muchos defectos y debilidades en estas páginas. De hecho, debo confesar mi incapacidad para superar mi repugnancia ante la parcialidad y la injusticia mostradas por la mayoría que dicta su ley a la pequeña y amenazada minoría. A lo largo de la mayor parte de la historia del mundo occidental, los judíos han sufrido diversas formas de exclusión, segregación y discriminación que los han obligado a ser siempre conscientes de su especial situación.

El argumento central de este ensayo será que la fe judía no fue la progenitora del cristianismo, sino que –en contra de lo que nos dicta la cronología– el carácter y la actitud de la minoría judía fueron moldeados por el cristianismo circundante. Cuando Jean-Paul Sartre vio al judío moderno como una creación de la mirada no judía, no tenía ni idea de que el «auténtico judaísmo» (en otras palabras, el judaísmo religioso) ya era sobre todo el resultado de una representación hostil producida por la civilización cristiana.

8

Todo el mundo estará de acuerdo en que vivir durante siglos cerca de vecinos convencidos de que has asesinado al hijo de su Dios puede generar identidades, como mínimo, cerradas y ansiosas. El miedo cotidiano a un entorno hostil moldea la espina dorsal de las personas y crea una mentalidad de rechazo contra todos quienes intentan acercarse a ellas. Si generalizamos, podríamos plantear la hipótesis de que, a excepción del periodo dorado judeo-árabe en España (del que Maimónides es producto directo), la fe y las prácticas han tendido por lo general a congelar su legado. Los condenados se negaban a aceptar los renacimientos y las solicitaciones culturales. Sumergirse en la exégesis de los textos, acompañados de una dolorosa esperanza de salvación, al tiempo que se apartaban de un entorno alienante, fijó el universo espiritual de los judíos como una comunidad asediada.

¿Antisemitismo o judeofobia?

Esto no significa, por supuesto, que las formas de hostilidad hacia los judíos, como las propias identidades judías, hayan permanecido invariables a lo largo de los siglos. La fuerza del rechazo al «otro» judío ha variado por doquier: en la civilización musulmana, a título de ejemplo, había menos odio a los judíos que un sentimiento de superioridad, tanto en la legislación como en la práctica cotidiana[1]. Sin embargo, no podemos entender el antijudaísmo del siglo xx, ni los avatares de la propia identidad judía, ignorando el largo marco temporal que les dio forma y les definió. Las estructuras económicas cambian, las situaciones políticas evolucionan, las tecnologías se desarrollan, mientras que el sedimento del odio mental alimentado por las creencias perdura mucho más tiempo, más allá de las mutaciones que las afectan.

---

[1] Este ensayo tratará muy poco de la judeofobia en la civilización musulmana debido a la falta de conocimientos del autor sobre el tema.

A los lectores sin duda los sorprenderá que no utilice en este texto el popular vocablo «antisemitismo». Este término fue acuñado a mediados del siglo XIX, en un momento en que la formalización de la racialización biológica alcanzaba su apogeo, y no marca, en mi opinión, una ruptura epistemológica decisiva en la historia de la hostilidad hacia los judíos, sino en esencia una importante fase complementaria. La actitud de profundo desprecio hacia los judíos (y los nativos de las colonias) no es el resultado de algún descubrimiento «científico» sobre una raza semítica o indoeuropea, sino más bien de un arrogante discurso supremacista que había inventado y establecido una jerarquía biológica de razas. En otras palabras: la racialización ideológica existía mucho antes de descubrir la sangre o, como veremos más adelante, el ADN contemporáneo.

Considerando que no hay raza semítica, ni tampoco raza aria, las raíces del término «antisemitismo» se encuentran en la estafa esencialista perpetrada principalmente por políticos populistas deseosos de dar consistencia «científica» a una vieja fobia. Por supuesto, existen lenguas semíticas, indoeuropeas y austroasiáticas, y la lingüística ha explicado sus características y los problemas inherentes a su clasificación. Sin embargo, los judíos de Europa no hablaban hebreo, salvo para recitar sus oraciones, como se hacía con el latín, por lo que nunca fueron «semitas». En Europa Oriental, donde se formó el pueblo del yiddish, esta lengua indoeuropea se escribía con el alfabeto arameo, sin duda procedente de las lenguas semíticas, pero son más bien los judíos que viven en el mundo árabe quienes pueden considerarse auténticos semitas.

Tal vez al lector le haga sonreír lo que diré a continuación, pero también a mí podría calificárseme de típico «semita». No nací «semita», porque mi lengua materna era el yiddish (que no sabía leer ni escribir). En la escuela y en la calle aprendí hebreo, un idioma que aun hoy me encanta y con el que a veces me expreso con precisión. Sueño, pienso y escribo en

10

hebreo. Este ensayo está escrito originalmente en hebreo; sería más exacto decir: en israelí, porque la sintaxis y gran parte de las palabras utilizadas son de todo punto diferentes de la lengua de los escritores ancestrales de la Biblia.

En resumen, prefiero utilizar el concepto de «judeofobia», que es anterior a la aparición del término «antisemitismo» y hasta cierto punto más preciso. Leon Pinsker, uno de los primeros sionistas, en su ensayo pionero *Autoemancipación*, publicado en 1882, utilizó el vocablo «judeofobia»; la palabra «antisemitismo» aún no era muy conocida. El término «judeofobia» podría sugerir una enfermedad psiquiátrica; tal era, por otra parte, el punto de vista de Pinsker, médico de profesión.

Personalmente, no veo la xenofobia como una enfermedad. El lenguaje del odio tiene sin duda orígenes psicológicos muy arraigados en el comportamiento humano, pero sus perversas explosiones dependen siempre de procesos ideológicos a largo plazo, por un lado, y de situaciones socioeconómicas y políticas, por otro. El miedo puede estar en la raíz de todo odio al prójimo, pero no es el único ingrediente de cualquier expresión de maldad. Los complejos de inferioridad y la arrogancia, la envidia y la incultura, la sed de poder y la explotación de las relaciones de fuerza, el sufrimiento, la búsqueda de un chivo expiatorio y muchas otras manifestaciones mentales bien conocidas llenan la xenofobia y alimentan plenamente la judeofobia.

Como sabemos, este fenómeno humano no es del todo comprensible, y no creo que pueda reducirse a la expresión inglesa *«The dislike of the unlike»*, es decir, a la heterofobia, sinónimo de miedo natural a quienes son diferentes. Si bien es cierto que el racismo puede describirse como el «esnobismo de los pobres», podemos añadir que la racialización, la transformación del otro o de uno mismo en una raza siempre imaginaria, tiene su origen en los intelectuales, invariablemente ha estado tejida por gentes de letras.

En estas pocas páginas me he esforzado en identificar, aunque solo sea de pasada, algunas de las etapas del ancestral e incandescente odio a los judíos, y he tratado de comprender qué queda hoy de esa espesa hostilidad. En la sección final, sin embargo, plantearé una cuestión que probablemente ofenderá a muchos lectores y lectoras: ¿hasta qué punto el sionismo, que nació como respuesta de angustia ante la judeofobia moderna, no ha sido sino el espejo de esta? ¿En qué medida, a través de un complejo proceso dialéctico, el sionismo ha heredado los fundamentos ideológicos que siempre han caracterizado a los perseguidores de los judíos?

Y me gustaría plantear una última pregunta: ¿hasta qué punto el Estado de Israel ha sido, y sigue siendo, un Estado etno-religioso, incluso etno-biológico, y no una democracia moderna al servicio de todos los ciudadanos israelíes, independientemente de su religión, sexo u origen?

CAPÍTULO II

Frenar el proselitismo judío

> La mayoría de las personas a las que llamamos los judíos no descienden biológicamente de las tribus semíticas [...].
>
> Raymond Aron, *Memorias*, 1983.

Constantino I gobernó el Imperio romano de Occidente de 312 a 324, y luego todo el Imperio desde 324 hasta su muerte en 337. Fue el primer emperador que se convirtió al cristianismo. A partir de entonces, la persecución de los cristianos llegó a su fin, su fe se legalizó y pronto llegó a ser una parte privilegiada del aparato imperial. El progresivo proceso de transformación del Mediterráneo en un mar cristiano dio entonces un importante paso adelante, con, entre otras consecuencias, la victoria definitiva del cristianismo sobre la religión judía, contra la que había pugnado durante casi dos siglos y medio por hacerse con los corazones de los partidarios del monoteísmo.

Hay que dejar clara una cosa: el emperador cristiano Constantino I no persiguió a los judíos (ni, para el caso, a los paganos). Sin embargo, siguió prohibiéndoles vivir en Jerusalén, que quería convertir en una ciudad cristiana; pero reconoció el estatus de los funcionarios judíos y respetó su culto, de acuerdo con la mejor tradición romana. En cambio, era intransigente en materia de conversión religiosa: legisló para prohibir los matrimonios entre judíos y cristianos, e impidió que los judíos circuncidaran a sus esclavos.

Un judío que se opusiera por la fuerza a la conversión al cristianismo de uno de sus correligionarios sería castigado de

13

modo severo, hasta con la muerte. Obviamente, esta ley no se aplicaba a un cristiano que impidiera a otro cristiano convertirse al judaísmo.

El objetivo de esta primera ofensiva institucional cristiana contra la religión monoteísta hermana no era destruirla, sino bloquear el impulso de las conversiones judías, que en aquella época estaban muy extendidas por todo el Imperio romano.

LA EXPANSIÓN DEL JUDAÍSMO

Al final del Rollo de Ester, uno de los libros más tardíos de la Biblia, al parecer escrito hacia finales del siglo II de la era cristiana –es decir, durante el periodo helenístico–, figura este sorprendente pasaje: «Y muchos de los habitantes del país se hicieron judíos, porque el temor de los judíos se había apoderado de ellos» (8:17). La expresión «se hicieron judíos» no había aparecido antes en los libros de la Biblia. También podemos suponer que el prodigioso Rollo de Rut, en un intento de convencernos de que el propio rey David era descendiente de un moabita converso, data de la misma época. Estos dos rollos atestiguan, por un lado, la creciente oposición a la fase de repliegue sobre sí mismo característica de los inicios del joven y débil monoteísmo judío y, por otro, el nuevo estado de ánimo que estaba surgiendo en torno al Mediterráneo.

Sin embargo, debemos desconfiar de una formulación histórica tan omnicomprensiva: este nuevo estado de ánimo sigue siendo principalmente prerrogativa de las elites políticas y culturales, o de los estratos sociales urbanos. A ellos se refieren las frágiles pruebas de que disponemos, a pesar de su carácter global y de la forma de universalidad que pretende reflejar. Casi todas las sociedades de la Antigüedad estaban formadas por trabajadores agrícolas analfabetos, incluidos esclavos de quienes sabemos muy poco. En cuanto a los cambios mencionados por los historiadores, solo afectaron a las vidas en una medida muy limitada.

14

En los siglos II y I a.C., en la época del reino asmoneo de Judea, la civilización helenística, que se había extendido y había difuminado las fronteras e identidades tradicionales, se mezcló con la creencia monoteísta, creando una dinámica de conversiones desconocida hasta entonces en la historia. Aunque es difícil aplicar el concepto de «judaísmo» a una creencia que aún carecía de la Misná y el Talmud, las dos recopilaciones rabínicas de la ley judía oral, y aunque también debemos seguir siendo escépticos sobre el valor histórico de los mitos bíblicos, la revuelta victoriosa de los Macabeos contra el poder politeísta de los Seléucidas vio, por primera vez, al parecer, en la historia del mundo occidental, la fundación de un reino típicamente monoteísta.

Ampliar su territorio, como casi todos los reinos de la historia, fue uno de sus actos importantes, pero en este caso el proceso habitual de anexión incluía un aspecto original, desconocido hasta entonces en la tradición pagana, así como en los mandamientos bíblicos: en el año 125 a.C., el gobernante del reino asmoneo de Judea, Juan Hircano I, sometió a la vecina población edomita, establecida al sur del reino, y la obligó a convertirse. Veintiún años más tarde, su hijo Aristóbulo I sometió a su vez a los itureos (tribus árabes de Galilea), completando así la empresa de conversiones masivas de su padre.

Shmaya y Abtalión, los dos líderes espirituales de la religión judía que iba tomando forma al final del periodo asmoneo, ya estaban totalmente convertidos al término de esta asimilación masiva; y si poco después Herodes I el Grande, rey de Judea y futuro constructor del magnífico Templo, era, no por casualidad, hijo de padre edomita y madre árabe, y si Simón Bar Giora, el líder de la revuelta de los zelotes en Jerusalén en el año 66 d.C., también procedía de una familia judaizada, no sería descabellado admitir que Jesucristo, si realmente fue un personaje histórico, podría descender de itureos conversos asentados en Nazaret de Galilea.

La narrativa cristiana obviamente rechazaría con horror tal hipótesis. Así como muchos judíos y futuros judaizados, reclamando una noble filiación imaginaria, se obstinaban en pensarse como surgidos de la semilla de Abraham, del mismo modo José, el esposo de María, la madre de Jesús, tenía que formar parte de una genealogía que se remontaba hasta Abraham y figurar asismismo como descendiente directo del rey David (Mateo 1:1-7). Por desgracia, no se ha escrito ningún Rollo de Rut sobre los «orígenes» árabes del padre de Jesús de Nazaret, que no era su progenitor.

A partir de entonces, el judaísmo se convirtió en una fe dinámica, que se expandió rápidamente por todo el Mediterráneo. A diferencia de los fenicios y los griegos, los súbditos del reino de Judea no eran un pueblo marinero, por lo que nunca se «dispersaron» ni fundaron una sola colonia; por eso su lengua, el hebreo o el arameo, no era la de los cada vez más numerosos judaizados. El monoteísmo resultaba ser una especie de moda obligatoria, que despertaba la curiosidad de los eruditos incluso en lugares remotos, mientras que los predicadores religiosos itinerantes de la tierra de Judea se unían a ellos y veían su misión coronada por el éxito. Entre las capas urbanas de Alejandría, Damasco, Kyrenia, Antioquía y luego la propia Roma, muchos se convirtieron bajo el impulso del ardor religioso, pasando a ser judíos medio religiosos, los *temerosos de Dios*, o a ser judíos de pleno derecho.

Filón, un brillante filósofo que vivía en Alejandría a principios de la era cristiana, seguidor del culto mosaico aunque no hablaba ni hebreo ni arameo, escribió con indisimulado orgullo: «[…] tan dignas de envidia son nuestras leyes, y tan preciadas tanto para los particulares como para los gobernantes […]. Cada pueblo, en mi opinión, abandonaría sus propias leyes y, desechando sus antiguas costumbres, comenzaría a respetar nuestra única Ley del gran y poderoso pueblo de los judíos».

Flavio Josefo, el fascinante historiador judío de la generación siguiente, escribió cuando vivía en Roma: «No hay ciudad griega ni pueblo bárbaro donde no se haya difundido nuestra costumbre del descanso semanal […], así como Dios se ha difundido por todo el mundo, así la ley se ha propagado entre todos los hombres». Al mismo tiempo, los redactores del Nuevo Testamento se vieron incluso inducidos a reconocerlo: «Había judíos residentes en Jerusalén, hombres piadosos de todas las naciones bajo el cielo» (Hechos de los Apóstoles 2:5). El historiador romano Dion Casio, a principios del siglo III, pudo resumir que desconocía «el origen de este segundo nombre [judío]; pero se aplica a otros hombres que han adoptado las instituciones de este pueblo, aunque fueran extraños a él [...]». Orígenes, intérprete de la Biblia casi en la misma época, fue un poco más preciso: «El nombre *Ioudaios* no es el nombre de una *etnia*, sino de una elección [de estilo de vida]. Pues, si hubiera alguien que no fuera de la nación de los judíos, un gentil, pero que aceptara las costumbres judías y se convirtiera así en prosélito, esa persona sería llamada apropiadamente *Ioudaios*».

Para comprender este fenómeno histórico, debemos retroceder un poco en el tiempo. En la capital del Imperio romano, cuando este se expandía y crecía en poder, y antes del comienzo de la era cristiana, las autoridades paganas habían accedido en un principio a reconocer la fe judía como una religión legítima suplementaria, pero las insolentes prédicas a favor de la conversión que siguieron y la constante negativa de muchos nuevos seguidores del judaísmo a reconocer otras divinidades pronto preocuparon a los intelectuales latinos.

Así, en el siglo I a.C., el poeta Horacio expresó su disgusto al ver cómo los judíos imponían su fe a quienes los rodeaban. A principios del siglo II d.C., el poeta satírico Juvenal relató el proceso de conversión al judaísmo entre las elites romanas, en tonos que expresaban una fuerte repugnancia. Séneca y Tácito opinaban lo mismo y describieron a los nuevos misioneros, cuyo éxito nada desdeñable no dejaba de inquietarlos.

Esto explica que Theodor Mommsen, el historiador más importante del mundo antiguo, y el único que ha ganado un Premio Nobel, dijera: «El judaísmo primitivo no era nada excluyente; al contrario, gracias al celo de los misioneros, se extendió tanto como lo hicieron más tarde el cristianismo y el islam».

Otro indicio de la gran popularidad de la fe monoteísta en la misma época es el hecho de que en el siglo i, Adiabene, en el emplazamiento del actual Kurdistán, fue el primer reino fuera de Judea que se convirtió al judaísmo y que permaneció así hasta la conquista romana en el año 116. Durante la gran revuelta de Judea y Galilea en el 66, Helena, reina de la judaizada Adiabene, envió una fuerza militar a los zelotes. Esta ayuda resultó insuficiente y la insurrección contra el paganismo terminó en un desastre irreversible: la destrucción completa del magnífico templo dedicado al Dios único, que el rey Herodes había hecho construir en el corazón de Jerusalén, al precio de un coste excesivo.

Otras dos revueltas monoteístas contra los idólatras también fracasaron: una en Alejandría, África del Norte, y en Chipre en el año 115, y otra que estalló de nuevo en Judea y Galilea en el 132. No cabe duda de que su cruel represión por los ejércitos romanos marcó el principio del fin de la difusión de la religión judía por el Mediterráneo. Es difícil calcular el número de creyentes judíos en los siglos i y ii de la era cristiana; sin embargo, las investigaciones modernas estiman que era incomparablemente mayor que el del pequeño reino de Judea.

Este número tendió a disminuir en poco tiempo, por una sencilla razón: las implacables revueltas monoteístas ahogadas en sangre dieron paso poco a poco a una forma más sencilla y eficaz de fomentar la adhesión a un único Dios. Una original y sorprendente religión del «amor» surgió en el seno de la fe judía y junto a ella. Sin embargo, mientras esta nueva religión de la bondad mostraba un gran amor por sus neófitos, dio prueba de una fuerte y duradera hostilidad hacia su hermana mayor.

La ofensiva cristiana

Al principio fue difícil distinguir entre ambas sensibilidades, y los romanos las confundieron en más de una ocasión. En general, los poderes imperantes eran más respetuosos con la religión judía, ya conocida y establecida, y tendían a recelar del cristianismo, que era visto como una secta extraña, incontrolable y llena de supersticiones. Los romanos, sin embargo, se interesaron poco por el tema, y dejaron que la controversia se desarrollara entre los partidarios de un Dios único. La mayoría de los propios creyentes ignoraba el cisma que se estaba gestando entre ellos, mientras que la masa de *temerosos de Dios* que acudía a la sinagoga acogía con satisfacción la simplificación de los mandamientos propuesta por predicadores eficaces y originales. Es muy probable que, durante mucho tiempo, no hubiera dos religiones distintas, sino una sola con dos tendencias.

Los seguidores de la nueva sensibilidad, entre ellos el talentoso Pablo –quien, no por casualidad, comenzó su carrera como predicador del judaísmo–, despreciaban la obstinada rigidez de los conservadores que practicaban todos los mandamientos religiosos, llegando incluso a insultarlos. En el Nuevo Testamento, encontramos expresiones de desdén de experimentados misioneros hacia sus predecesores «menos avanzados», que seguían defendiendo la circuncisión y otras obligaciones embarazosas: «¡Ay de vosotros, escribas y fariseos hipócritas, que recorréis mar y tierra para hacer un prosélito; y, cuando lo habéis logrado, lo hacéis hijo de la Gehenna [infierno], dos veces más que vosotros» (Mateo 23:15).

El desprecio corporativista entre ambos competidores se convirtió rápidamente en una profunda hostilidad.

A diferencia del politeísmo, todo monoteísmo, desde sus inicios en Jerusalén, se ha caracterizado por la intolerancia, que ha cambiado poco a lo largo de las generaciones: la verdad está siempre del lado del creyente en un único Dios, y cualquier disidente es rechazado sin ambages. Además, para construir una identidad colectiva, más allá de la solidaridad interna del grupo, casi siempre es necesario un enemigo exterior, un «otro», cuyas cualidades peligrosas se rechazan.

En el Evangelio según san Juan, Jesús advierte a los creyentes que se niegan a seguirlo: «Vuestro padre es el diablo, y vosotros queréis hacer lo que vuestro padre quiere» (8:44). Quienes no estaban dispuestos a reconocer la verdad del Mesías eran, en última instancia, responsables de su sentencia de muerte.

Apenas amaneció, todos los sumos sacerdotes y los ancianos del pueblo se pusieron de acuerdo contra Jesús para darle muerte [...]. Pilato les dijo: «¿Qué haré, pues, con Jesús, a quien llaman Cristo?». Respondieron todos: «¡Que sea crucificado!». El gobernador dijo: «Pero ¿qué mal ha hecho?». Y gritaron aún más fuerte: «¡Que lo crucifiquen!». Pilato, viendo que no ganaba nada, sino que el tumulto iba en aumento, tomó agua, se lavó las manos en presencia de la multitud y dijo: «Yo soy inocente de la sangre de este justo. Eso es asunto vuestro». Y todo el pueblo replicó: «¡Que su sangre sea sobre nosotros y sobre nuestros hijos!» (Mateo 27:1 y 22-25).

Por si una sola referencia no bastara para establecer la génesis del recuerdo cristiano frente a la religión judía, el duro relato del asesinato del Hijo de Dios aparece en otros Evangelios (Marcos 15:1-15; Lucas 23:4-5; Juan 18:28-40). «Todo el pueblo», en otras palabras: todos los judíos se convirtieron en los asesinos del Hijo de Dios, y sus malditos descendientes tendrán que pagar el precio.

El punto de partida de la relación del cristianismo con la fe judía se estableció en el más sagrado de sus libros. El resto estaba por venir.

CAPÍTULO III

¿«Pueblo-raza» o comunidad religiosa?

[Los judíos son] un grupo de creyentes reclutados en el pasado en los mundos mediterráneo, turco-jázaro y eslavo.

Marc Bloch, *La extraña derrota*, 1940.

«Vosotros sois una raza escogida, un real sacerdocio, una nación santa [...] vosotros, que en otro tiempo no erais su pueblo, ahora sois el pueblo de Dios» (Pedro 2:9-10): este halagador discurso dirigido al creciente número de seguidores de Jesús fue un momento crucial en el nacimiento de la nueva religión. El «pueblo» del Dios cristiano nació así con el Nuevo Testamento.

Ya en el siglo II de la era cristiana, Justino había reflexionado sobre el significado de las palabras de Pedro, dando un paso más hacia la formalización de la política de identidad cristiana: «[...] Nosotros, quienes hemos salido de su seno [de Jesucristo], ¿acaso no somos la verdadera raza [γένος] de Israel?».

En el Nuevo Testamento, como en la obra posterior de Justino, la formulación del término «raza» adquiere toda su importancia, y, al igual que los conceptos de «pueblo» o «nación», no tiene el mismo significado que en el siglo XIX. No presenta una dimensión biológica, *y mucho menos* nacional, sino más bien fuertes dosis de fluida metáfora, característica de los primeros siglos de la era cristiana. No obstante, estos conceptos marcan, aunque solo sea de forma indirecta, un origen, y contribuyen a crear una imagen jerarquizada de los grupos humanos, que son en esencia diferentes, y uno de los cuales debe sustituir explícitamente al otro. La «teoría de la sustitución» entre «la raza judía» y «la raza cristiana» se abría camino entonces. Era el primer paso, aún informal, hacia la racialización del «otro» judío.

Justino parece haber sido el primer cronista cristiano que atribuyó la expulsión de los judíos de Jerusalén tras la revuelta de Bar Kojba a un castigo divino colectivo. El decreto promulgado por el emperador Adriano en el año 135, por el que se prohibía a los judíos circuncidados entrar en la ciudad, es uno de los primeros escritos en los que aparece la confusión con el desarraigo imaginario de los judíos de toda la tierra santa. La parábola del exilio judío, como mito de origen y de identidad, nació, pues, en el seno del cristianismo mientras este se formaba, y su capital simbólico acumulado no tardaría en ganar poder.

La presencia de los mitos en la conciencia histórica es un hecho fascinante, dado que hasta hoy, a principios del siglo XXI, no se dispone de ninguna evidencia ni de ningún testimonio concerniente a una expulsión masiva de habitantes de Judea por los romanos, o bien de emigración voluntaria o forzada. ¡De ahí que no exista ni un solo trabajo de investigación sobre el tema! La leyenda invalidada del «exilio» ha tenido un largo destino, y esto no es casualidad.

El mito del «pueblo del exilio», que alimentó inicialmente la «teoría de la sustitución», fue establecido y transformado durante mucho tiempo por los eruditos cristianos. A principios del siglo III, el cartaginés Tertuliano explicó que tanto Esaú como Jacob habían surgido, por su «carne», de la semilla de Abraham, pero que el mayor era odiado, a diferencia del menor, preferido por Dios y considerado la verdadera semilla espiritual del patriarca. El mito tomó su forma definitiva a finales del siglo IV y principios del V, con la victoria institucional del cristianismo. Desde Juan Crisóstomo de Antioquía, que llegó a ser obispo de Constantinopla, hasta Agustín, el brillante filósofo de Hipona, en el norte de África, el pensamiento cristiano se propuso marcar diferencias y romper por completo con las dos creencias divinas en pugna.

Una forma de lograrlo era demostrar la existencia de dos «pueblos».

En *Adversus judaeos*, sus ocho famosas homilías contra los judíos, Crisóstomo dirige la mayor parte de su cólera contra los judaizados y la masa de indecisos, que no distinguen correctamente entre las prácticas cultuales de las dos identidades. Unos años más tarde, en su ensayo *La ciudad de Dios*, Agustín dio una dimensión teológica decisiva a la separación definitiva de las dos confesiones: según él, estaba claro que los judíos no eran simples adoradores legítimos que residían en ciudades del Mediterráneo, es decir, conversos que habían adoptado la religión judía y se negaban a reconocer a Jesucristo como Hijo de Dios. Por supuesto, a los judíos se los permitió hacerse cristianos, y la historia está llena de conversos, pero ¿acaso pueden los «hijos del diablo» convertirse en perfectos cristianos?

La idea de que otra creencia divina pudiera ser preferida al cristianismo era insoportable para los Padres de la Iglesia, tanto más cuanto que el milagro del encuentro entre el Espíritu Santo y la Virgen María del que nació el Hijo de Dios, con su veta de politeísmo, suscitaba una exacerbada sensibilidad contra cualquier tipo de contestación. El mero hecho de rechazar la Santísima Trinidad constituía un desafío a toda la textura ideológica del cristianismo tal como se estaba constituyendo. Por esta razón, los judíos tuvieron que convertirse en un pueblo-raza maldito, derrotado por los romanos, expulsado de su país y dispersado por el mundo, para dar testimonio de sus pecados y su ceguera.

La imagen del judío exiliado y corrupto, responsable de la crucifixión de Jesús, que le valió el castigo eterno –al igual que Caín hubo de huir y vagar después de matar a Abel–, estará en adelante en el centro del imaginario cristiano. El historiador Jules Isaac ha detallado las formas en que los Padres de la Iglesia construyeron su desprecio y rechazo de los judíos, y cómo esto se ancló en la herencia cristiana a largo plazo.

Incluso se puede decir que esta herencia iba a convertirse, por lo que respecta a los judíos, en una *dóxa* del mundo occidental, destinada a perpetuarse hasta la década de 1960. Esta *dóxa* iba a fundirse en una apariencia de conocimiento abstracto, que nada podría alterar, porque es bien sabido que uno no reflexiona sobre una *dóxa*, sino que la refleja. Constituye una especie de código semiótico, que sirve de canal de transmisión del conocimiento del mundo. También se presenta como evidente, porque aparece como una dimensión central de la autoidentificación de un colectivo.

Incluso cuando la todopoderosa hegemonía del cristianismo empezó a declinar en el siglo xviii, la *dóxa* relativa a los judíos siguió vigente, no solo en la conciencia popular de las masas, sino también, como veremos, entre los intelectuales «ilustrados». El nacionalismo del futuro recogerá con toda naturalidad el estigma antijudío, que sabrá utilizar perfectamente en provecho propio.

Por fortuna para el futuro de los judíos, en la *dóxa* elaborada por Agustín, su presencia como testigos es necesaria para el cristianismo, por lo que no deben ser asesinados. Han de ser humillados y mantenidos a distancia, pero su miserable y maldita presencia es una prueba irrefutable de la verdad y superioridad de la religión de Jesucristo. Gregorio I, fundador del papado, a finales del siglo vi, completó esta posición con una tesis más detallada: hay que dejar vivir a los judíos humillados porque se convertirán al cristianismo al final de los tiempos; esta será la condición para el regreso del Mesías el Día del Juicio Final.

El mito del exilio imaginario de los judíos, alimentado por otros teólogos cristianos, también pasó a formar parte de la herencia judía, aunque involuntariamente. La continuación de su existencia física dentro de un mundo cristiano que crecía en poder alrededor del Mediterráneo, y en la propia Tierra Santa, estaba condicionada por su voluntad de admitir tanto su «exilio» imaginario como su humillación, bien real. Sin embargo, conviene recordar que el «exilio» siempre fue, en su imaginación, no lo contrario de una patria, sino que correspondía a una situación opuesta a la redención, aún esperada. La Misná y el Talmud de Jerusalén dan testimonio de ello: incluso los fieles que vivían en Judea, convertida en Palestina, sentían su existencia como un exilio. Su aislamiento forzoso los llevó a aferrarse desesperadamente al reconfortante pensamiento de que, a pesar de las restricciones que tenían que soportar, ellos, y no los cristianos, eran el «pueblo elegido»: un pueblo procedente de la «semilla» del verdadero Abraham, que ahora había renunciado a su deseo de convertir al mundo entero.

El cristianismo ha contribuido así a la constitución de la corriente central de la fe judía durante varios siglos. La alienación del «otro» judío, su etiquetado y los estereotipos creados en torno a él se convertirían en un elemento fundamental de la evolución de la civilización europea en su conjunto.

Conversión de reinos

No nos equivoquemos: las restricciones impuestas a los judíos en torno al Mediterráneo, y luego en Europa, no erradicaron totalmente el deseo de conversión entre quienes no se habían encomendado a la Santísima Trinidad. El repliegue sobre sí mismos caracterizó a partir de entonces su conducta en tierras cristianas, pero el deseo de propagar su fe se desbordó y se infiltró en nuevas zonas, que parecían menos peligrosas y menos amenazadoras para su propia existencia.

Antes nos hemos referido a Adiabene como el primer reino judío fuera de la tierra de Judea. En el último cuarto del siglo IV, cuando la conversión a la religión judía se había detenido en el Imperio romano, se fundó un reino judío grande y poderoso, llamado Himyar, en la península Arábiga, donde hoy se encuentra Yemen (su territorio se extendía hasta la actual ciudad de Riad). Este reino, cuyos habitantes se convirtieron al judaísmo, prosperó durante casi ciento cincuenta años; por lo tanto, duró más que el reino judío asmoneo antes de ser derrotado en el año 525 por el reino cristiano de Axum, pero muchos de sus súbditos judaizados siguieron siéndolo hasta la época moderna.

En el norte de África, tras la victoria del cristianismo en todo el Mediterráneo, los restos de la comunidad judía, en particular los descendientes de los antiguos fenicios, fueron empujados hacia el interior bereber, donde convirtieron a varias grandes tribus. Allí nació un reino judaizado que alcanzó su apogeo en el siglo VII, bajo el reinado de Dihya al-Kahina. Esta poderosa reina fue el centro de la oposición a la invasión musulmana y perdió la vida celebrando *el Santo Nombre*. Junto a los bereberes cristianos, que aparentemente se islamizaron en su mayoría, algunos bereberes judaizados permanecieron fieles a la religión de Moisés hasta el siglo XX.

La dinámica de conversiones al judaísmo afectó también a una región del norte de la actual Etiopía. A finales del siglo IV, una comunidad judía llamada *Beta Israel* (*Falashas* era un sobrenombre) se había desarrollado paralelamente al cristianismo en el reino de Axum. Esta comunidad judía se fortaleció y, en determinados momentos, estableció un reino en las montañas de Simien, que, al igual que Himyar, al otro lado del mar Rojo, vivió un largo conflicto con los cristianos de Axum. Esta comunidad siguió siendo judía, a pesar de muchos tormentos, y se le permitió emigrar a Israel a finales del siglo XX.

La llegada a algunas partes del reino jázaro de refugiados judíos procedentes de Armenia y de dominios del Imperio bizantino, entre quienes había eficaces predicadores religiosos, condujo a mediados del siglo VIII al inicio de la judaización de dicho reino, un proceso que duraría de doscientos a trescientos años. La extensión de la Jazaria judía, desde Kiev en el norte hasta la península de Crimea en el sur, desde el curso alto del Volga hasta la actual Georgia, se redujo sin duda a finales del siglo X, pero solo la tormenta mongola del siglo XII la borró por completo, e hizo retroceder a parte de sus masas judaizadas del oeste hacia la Europa Oriental. Esta corriente humana procederá a un sinfín de nuevas conversiones por el camino. Este acontecimiento histórico contribuyó a la creación, precisamente en esta zona, de la mayor concentración demográfica judía de los siglos venideros: una concentración sin equivalente numérico con ninguna otra agrupación de judíos del mundo.

Por eso el padre de la historiografía israelí, Ben-Zion Dinur, que también fue ministro de Educación de Israel en una época en la que aún era posible expresar un punto de vista sobre los diversos orígenes de los judíos sin ser acusado de «antisemitismo», pudo afirmar: «El propio reino jázaro fue el originador de exilios, el originador de uno de los mayores exilios, el exilio de Israel en Rusia, Lituania y Polonia».

CAPÍTULO IV

Los orígenes de la Europa «judeo-cristiana»

> El judío de la Galia en la época de Gontrán y Chilperico era, la mayoría de las veces, simplemente un galo que profesaba la religión israelita.
>
> Ernest Renan, *El judaísmo como raza y como religión*, 1883.

La legislación contra la conversión al judaísmo en el Imperio romano, que estaba en proceso de cristianización, debía establecer el estatus de la creencia judaica y conducir a su repliegue sobre sí misma y sus temores; sin embargo, no debe concluirse que esto se tradujera en una persecución masiva o en ataques contra individuos.

La escisión definitiva del Imperio en Oriente y Occidente en el siglo IV y la desintegración última del Imperio romano de Occidente no dieron lugar a un clima de extrema judeofobia. Las tribus germánicas herederas de Roma no estaban especialmente interesadas en la teología cristiana ni en su disputa con el judaísmo, y parece que, de acuerdo con las antiguas tradiciones paganas, no hacían gala de fanatismo religioso.

Clodoveo, caudillo de los francos, se convirtió al cristianismo ya en el año 496 y, hasta los siglos IX y X, lo mismo ocurrió con casi todas las clases dirigentes de Europa. Sin embargo, pasaría mucho tiempo antes de que la creencia en un Dios único se impusiera en amplios círculos de sus súbditos, sobre todo entre las clases populares.

Teodorico el Grande, que gobernó a los ostrogodos hasta el 526, tomó bajo su protección a los judíos de Génova y Milán e impidió que se los hiciera daño a ellos o a sus sinagogas. En cambio, Childeberto I, hijo de Clodoveo que reinó sobre

París y Orleans, decidió en el siglo vi –no se sabe por qué– expulsar a los pocos judíos que vivían en su territorio. Otros déspotas siguieron su ejemplo. En España, donde el número de judíos era relativamente mayor, los reyes visigodos se comportaron con mucha más dureza que en otros lugares.

Los judíos que habitaban en Europa eran escasos, a diferencia de lo que ocurría en el Mediterráneo en el siglo i, donde hacía tiempo que habían dejado de representar una amenaza para la expansión del cristianismo. Las comunidades judías seguían bien asentadas en las ciudades del norte de Italia, el sur de la Galia y en los pueblos de la península Ibérica, pero cuanto más al norte se adentraba uno en la Europa boscosa y rural, menos judíos se encontraba. Las grandes conversiones del pasado habían tenido lugar en las zonas urbanas: mercaderes y artesanos, pero no campesinos; la presencia de judíos en la Europa agrícola aún no era evidente.

Como es sabido, los habitantes de las ciudades, judíos o no, apenas podían contribuir a las labores de deforestación o cultivo de la tierra, de las que se encargaban sobre todo los monjes. Las instituciones religiosas cristianas, fundadas originalmente en el sur del Mediterráneo, desempeñaron un papel pionero en el desarrollo de métodos agrícolas avanzados, así como en la difusión del conocimiento intelectual entre las elites que se habían convertido al cristianismo. La conservación de la literatura de la Antigüedad mediante la copia de obras y su difusión en una sociedad que seguía siendo casi por completo analfabeta fue el impresionante logro de monjes diligentes y estudiosos.

Es importante destacar aquí que, a pesar de la hostilidad expresada en los textos contra el judaísmo, la labor de los copistas no se limitó a la literatura teológica cristiana; los clásicos griegos y latinos «idólatras» también se conservaron con esmero. El hecho más asombroso en el ámbito de las relaciones entre cristianos y judíos fue sin duda que, gracias a la Iglesia, resultó posible salvar la inmensa riqueza de la literatura judía anterior al Talmud. En realidad, y contrariamente a la creencia popular, aparte de la Torá, la Misná y el Talmud, los judíos no tenían ningún amor por los textos filosóficos o historiográficos (salvo durante la edad de oro judeo-árabe en España). No los tradujeron ni interpretaron, ni tampoco los conservaron. La ironía de la historia es que, sin la Iglesia y sus fieles monjes copistas, en la actualidad no tendríamos a nuestra disposición los volúmenes deuterocanónicos y los pseudoepígrafos (libros que las Iglesias incluyen en el Antiguo Testamento y que no forman parte de la Biblia hebrea) que contienen los libros de los Macabeos, ni los textos filosóficos de Filón de Alejandría, y no conoceríamos las cuatro obras historiográficas de Flavio Josefo. En otras palabras, ¡es casi exclusivamente gracias al hostil cristianismo que conocemos algo de la historia judía, desde el comienzo del periodo asmoneo hasta la gran revuelta monoteísta de los zelotes! Los lectores deben saber que, sin la Iglesia, ¡el recuerdo de Masada habría desaparecido por completo!

Sin embargo, también hay que señalar que el protofeudalismo, que fue arraigando poco a poco en Europa, en un momento dado de su desarrollo necesitó de la categoría de los «otros» para cumplir funciones económicas aún externas y marginales a las nuevas relaciones de producción.

Dado que la creación del feudo y los deberes que conllevaba iban acompañados de principios de lealtad y juramentos cristianos, los judíos naturalmente no tenían cabida en este nuevo edificio social. No podían adquirir tierras, ni convertirse en nobles o caballeros vasallos; tampoco en siervos, ya que vivían sobre todo en las ciudades.

Sin embargo, como ocupaban una posición excepcional en la nueva sociedad agrícola, disfrutaban de una serie de ventajas: no estaban atados a la tierra y podían desplazarse libremente, a diferencia de la gran mayoría de la población trabajadora. Asimismo, como su religión no les impedía cobrar intereses, además del comercio y la artesanía, empezaron a ocuparse del crédito, haciendo depender de ellos a nobles y protoburgueses faltos de recursos.

Así surgió, en el imaginario cristiano europeo, la figura del judío que se enriquece mediante la usura. El hecho de que un puñado de judíos se viera obligado a ejercer esta profesión por culpa de la Iglesia y de la estructura de las relaciones de producción, y no por las predisposiciones del Talmud, no cambió mucho la creación de uno de los estereotipos más arraigados de la historia europea. «Judaísmo es igual a usura, y la usura es censurable» fue el mensaje difundido por la Iglesia *urbi et orbi*, bien recibido e integrado por las masas.

Sin embargo, el antijudaísmo en el paganismo egipcio, romano o cristiano mediterráneo no identificaba a los judíos con la usura. El vínculo histórico entre el judío y el dinero, que tanto pesó en el odio posterior, fue un producto exclusivo de la Europa cristiana, no de los Padres de la Iglesia (a pesar de la historia de Judas Iscariote, que traicionó a Cristo a cambio de treinta monedas de plata). En el mundo mediterráneo, la naturaleza de la relación con la acumulación de capital no se parecía en nada a la que iba a marcar el feudalismo.

Sin embargo, hasta el siglo xii, los judíos fueron los principales proveedores de préstamos con intereses a la alta nobleza y la monarquía, antes de que empezaran a ser desbancados por los lombardos y los banqueros alemanes. La competencia entre estos grupos acentuó la hostilidad hacia los judíos, que, por su condición de inferioridad, se veían obligados a cobrar cada vez más, en el caso de los préstamos más importantes, o a conceder préstamos con intereses a una clase media baja sumida en las deudas, que los veían como viles hombres de negocios.

No disponemos de datos suficientes sobre las condiciones de vida de los judíos europeos en aquella época. Desconocemos cómo surgieron las comunidades judías del valle del Rin (¿eran emigrantes del sur de Europa, o, al menos en parte, conversos locales?). Por otro lado, sabemos que, a finales del primer milenio, el cristianismo no dejó de afianzarse cada vez con mayor fuerza en la creciente masa de campesinos. La historia de los milagros del Crucificado y la responsabilidad de los judíos por su muerte fueron popularizadas y propagadas por los sacerdotes en las misas dominicales. Lo sabemos sobre todo por los documentos de archivo relativos a los preparativos de la primera cruzada en 1096. En aquella época, Europa experimentaba una importante expansión económica: se desarrollaban el comercio y la artesanía urbanos, y se construían iglesias en todas las ciudades. Fueron precisamente estos cambios los que dieron lugar a una movilidad social todavía modesta, pero suficiente para generar una insatisfacción básica capaz de señalar nuevas vías que seguir.

DE LA CRUZADA A LAS EXPULSIONES

La liberación de los Santos Lugares, y en particular del Santo Sepulcro de Jerusalén, sometido al poder de los herejes musulmanes, fue el motivo de la primera cruzada, que se inició tras la arenga del papa Urbano II en Clermont, Auvernia, en 1095. Entre los cruzados había nobles y caballeros sin tierra, criminales en busca de oro y tesoros, y muchos campesinos pobres. Como la expedición no estaba financiada, los cruzados «surgidos del pueblo» descendieron como langostas sobre las localidades que atravesaban en su largo viaje a Oriente, sometiéndolas al pillaje; pero el fenómeno más llamativo de esta primera cruzada fue la violencia contra los judíos que encontraron por el camino. Cientos de judíos fueron asesinados y violadas las esposas ante sus propios ojos en el valle del Rin. Muchos de ellos pusieron fin a sus vidas, y a las de sus hijos, al verse obligados a bautizarse por la fuerza.

Tales actos de desesperación alimentaron más tarde una serie de acusaciones de asesinatos rituales de niños cristianos a manos de judíos. Estos rumores provocaron nuevos pogromos. Por supuesto, la Iglesia condenó estos asesinatos, pero solo en voz baja. El bajo clero, sin embargo, se encargó de difundir historias venenosas por miles de pueblos, preparando así el terreno para el sentimiento popular antijudío.

Fue quizá una de las primeras veces en Europa en que una turba subió al «escenario de la historia». Esta turba incontrolada tomó forma centrándose en un enemigo traidor imaginario, y no fue casualidad que Judas Iscariote se convirtiera en el símbolo concreto de la traición perversa. Según fuentes árabes, cuando los cruzados llegaron por fin a Jerusalén, la masacre perpetrada contra los musulmanes, los judíos y, sobre todo, los caraítas (que rechazaban la Ley Oral y cuyo número superaba al de los judíos rabínicos) fue uno de los horrores más terribles cometidos bajo la bandera del cristianismo católico. Los pocos judíos que escaparon a la masacre fueron expulsados de su ciudad santa y no se les permitió regresar mientras duró el reino cristiano de Jerusalén, de 1099 a 1187. Los descendientes de las víctimas solo pudieron regresar a la ciudad en 1189, tras su captura final por Saladino.

Las masacres de Alemania y Jerusalén, y los falsos rumores a que dieron lugar, llevaron a la Iglesia a reaccionar de un modo claramente acorde con el dogma establecido por san Agustín, según el cual no se debe matar de forma deliberada a los judíos. Ya en 1120, una bula papal *Sicut judaeos*, de Calixto II, estipulaba a título formal que no se debía hacer daño a los judíos, que no se les debía imponer la cristianización por la fuerza, que no se les debían confiscar sus bienes ni someterlos a interdicto. Esta bula fue renovada por otros papas hasta el siglo xv. De este modo, la Iglesia purificó su conciencia y, en esta etapa, impidió el exterminio de los judíos de Europa.

Las cruzadas posteriores para conquistar Tierra Santa facilitaron la unificación de la autoridad católica, y es justo decir que fueron menos mortíferas que la primera. También hay que añadir que hubo campañas intraeuropeas para aniquilar a herejes, apóstatas y relapsos, que se consideraban mucho más peligrosos que los seguidores del dogma de Moisés, relativamente poco numerosos. Por ejemplo, la cruzada albigense de principios del siglo xiii se saldó con la aniquilación total de decenas de miles de cátaros, y también golpeó a los judíos del Languedoc, que vivían en paz con ellos.

El papa Inocencio III, que había ordenado esta cruel cruzada, también convocó el IV Concilio Ecuménico de Letrán en 1215, donde se decidió, entre otras cosas, prohibir a los judíos prestar dinero a interés, ocupar cargos públicos, casarse o mantener relaciones sexuales con cristianos. También se obligó a los judíos a llevar una vestimenta especial: sombreros y capas para su identificación (esto también se impuso a los musulmanes). La exclusión de los judíos no podía sino reforzar la actitud de repliegue sobre sí mismos que, como hemos visto, había empezado a tomar forma en el siglo IV, con los primeros decretos de Constantino I.

Desde el siglo XI hasta principios del XVI, en la época de la Reforma protestante, el catolicismo (a pesar de la llegada del Renacimiento) ejercía una amplia hegemonía sobre las conciencias de los eruditos y, a otro nivel, sobre los reyes, los nobles y las masas campesinas. La expulsión de los judíos en tiempos de depresión financiera, o tras un recrudecimiento de las acusaciones de asesinato ritual, era aceptada por la mayoría de los monarcas cristianos, que recurrían a ella con frecuencia. Y si hasta entonces «el judío errante» había formado parte de un mito cristiano, a partir del siglo XII se convirtió en una realidad histórica concreta, y prácticamente rutinaria.

En el año 533, como ya se ha mencionado, se dictó en París una orden de expulsión de los judíos. El rey Dagoberto repitió la orden en el 633, pero no fue hasta el siglo XII cuando la práctica se generalizó. En 1182, justo después de la coronación como rey de Francia de Felipe II, y con el objetivo principal de rescatar las arcas vacías del reino, los judíos vieron sus bienes confiscados, antes de ser expulsados un año después. Se les permitió regresar al cabo de dieciséis años, tras reconstruir sus propiedades.

En 1270, en vísperas de su muerte, Luis IX (conocido durante mucho tiempo como «san Luis», incluso en los manuales de historia de las escuelas públicas, laicas y republicanas del Estado), imitando a Felipe II, expulsó a algunos de los descendientes de los judíos que habían regresado setenta y dos años antes, les prohibió realizar préstamos con interés y multó a quienes no llevaban distintivos de identificación en la ropa. En París, en 1242, este rey «santo» participó en un famoso juicio en el que sacerdotes eruditos vinieron a demostrar que el Talmud insultaba a Jesucristo y al cristianismo. Al final del juicio, cientos de ejemplares del Talmud fueron llevados a la plaza de Grève (actual plaza del Hôtel-de-Ville) para ser quemados en presencia de una multitud divertida. Por supuesto, ¡este no fue el único auto de fe de la historia!

En 1306, Felipe IV el Hermoso continuó la tradición de las relaciones «judeo-cristianas», al decidir una vez más expulsar a todos los judíos y confiscar sus bienes. Por supuesto, este monarca «moderado» permitió permanecer en el reino a quienes aceptaron convertirse a la religión católica. Nueve años más tarde, Luis X permitió el regreso de los exiliados, dentro de ciertos límites, y así los judíos volvieron a vivir en Francia hasta la llegada de Carlos IV en 1322, quien, descontento con los márgenes de beneficio que se les imponían, decidió expulsarlos una vez más. Algunos judíos regresaron al reino, donde disfrutaron de unos años de prosperidad y tranquilidad, aparte de un «pequeño» pogromo en París con motivo de la revuelta de los maillotinos contra la opresión fiscal en 1382; pero en 1395, Carlos VI el Amado los expulsó de nuevo.

Algunos judíos se trasladaron entonces a Provenza, que aún no había sido anexionada al reino de Francia, hasta que fueron expulsados por Luis XII. Hubo quienes pudieron eludir el decreto desplazándose sobre todo a Aviñón, la «ciudad de los Papas». La Iglesia adoptó una postura clásica: no condenó las acusaciones recurrentes contra los judíos, aunque expresó una conmiseración cristiana.

DE INGLATERRA A ESPAÑA

En 1290, el rey Eduardo I, que había participado en la octava cruzada, decidió que los judíos de Inglaterra abandonaran de manera definitiva el país. No se conoce su número exacto (se estima que entre 2.000 y 10.000, algunos de los cuales habían llegado tras ser expulsados de Francia). A los exiliados se les permitió llevarse su equipaje y mobiliario, pero sus bienes inmuebles fueron «nacionalizados» y pasaron a ser propiedad de la Corona. Quienes intentaron escapar al destierro fueron ejecutados. Obviamente, a los súbditos ingleses no los sorprendió la expulsión de los judíos. Dos años atrás, el rey había ahorcado a 300 judíos, y mucho antes se les había prohibido prestar dinero a interés. Incluso habían sido acusados de falsificar dinero y obligados, a partir de los 7 años, a llevar de modo ostensible un signo amarillo de reconocimiento con la forma de las Tablas de la Ley.

El decreto de expulsión nunca se anuló, aunque algunos judíos regresaron al reino durante la revolución puritana de 1655. Irónicamente, William Shakespeare, autor de la célebre *El mercader de Venecia* en 1596, no conoció a un judío de verdad en su vida: su genio imaginativo, impregnado de conocimientos y educación cristiana, le sirvió de inspiración.

En diversas épocas, los judíos fueron expulsados de Baviera, Lituania, Sicilia y Cerdeña, y vieron cómo los poderes imperantes saqueaban sus propiedades; pero, más que ninguna otra, la expulsión de la Península Ibérica ha quedado grabada en la memoria judía. Desde la toma del poder por los musulmanes en el año 711, la población judía había crecido en ella más que en ningún otro lugar de Europa. Dado que no hubo emigración del reino de Judea a la lejana España, podemos suponer que la fe judía que allí se extendió era similar a la del norte de África. Los fenicio-cartagineses, que hablaban una lengua casi idéntica al hebreo y se asentaron en la costa, recibieron los libros de la Biblia, incluso antes de que fueran traducidos al griego, y se convirtieron al judaísmo. Los mercaderes judíos italianos, que llegaron con los ejércitos romanos, aumentaron un poco el tamaño de las pequeñas comunidades, hasta que el cristianismo puso freno a este crecimiento.

El fuerte aumento de la población judía se debe tan solo a la conquista árabe-bereber. Táriq ibn Ziyad, el gran estratega que dirigió la conquista en sus comienzos (y cuyo nombre tomó Gibraltar), era bereber (él y Dihya el-Kahina pertenecían a la misma tribu zenet). Es probable que entre los conquistadores musulmanes también hubiera soldados bereberes judaizados procedentes del norte de África. Fueron acogidos de forma calurosa por los judíos locales. El origen de la particular simbiosis entre musulmanes y judíos, y la asombrosa multiplicación demográfica de estos últimos, está probablemente vinculado a esta fase de apertura histórica.

Desde finales del siglo VIII hasta el siglo XII, las comunidades judías de España disfrutaron bajo el dominio árabe de una época de prosperidad, tanto demográfica como cultural, mayor que en cualquier otra parte del mundo cristiano o musulmán. Los judíos pudieron adquirir tierras, ascender a altos cargos dirigentes y, frente a la canonización del árabe literario, promover un renacimiento del hebreo que dio lugar a obras poéticas, científicas y filosóficas que se apartaban de la exégesis habitual del Talmud. Abraham ibn Dawd Halevi, conocido como el Ravad de Toledo, y Maimónides, los dos filósofos judíos más importantes después de Filón de Alejandría, eran de origen ibérico.

Esta edad de oro judía comenzó a declinar con la conquista de Andalucía por los almohades y los almorávides, llegados del suroeste de África para reprimir a los herejes que no eran seguidores de Mahoma. El Ravad de Toledo y la familia de Maimónides tuvieron que huir para escapar de los fanáticos musulmanes: fue el principio del declive del poder económico e intelectual de las comunidades judías en España, precursor de su destrucción en el futuro.

La *Reconquista*, lejos de mejorar la situación de los creyentes judíos, la empeoró aún más: la expansión de la conquista socavó no solo su posición social, sino también su seguridad física. A partir del siglo XIII reaparecieron las acusaciones de asesinato ritual, y las maquinaciones alcanzaron nuevas cotas en 1391. A mediados del siglo XIV se extendió la epidemia de peste negra, y por toda Europa se acusó a los judíos de envenenar pozos y utilizar la sangre de niños cristianos para practicar su culto satánico. En España, la situación se deterioró y se volvió especialmente peligrosa. Se destruyeron sinagogas en Sevilla y se asesinó a judíos en plena calle en Andalucía, Castilla y Valencia.

En varios centros urbanos, se vieron obligados a abjurar de su religión; varios miles de ellos lo hicieron para salvar la vida. Las autoridades y la Iglesia intentaron a veces frenar a los alborotadores y evitar asesinatos en masa, sobre todo durante el reinado de Pedro IV de Aragón, pero al mismo tiempo se cuidaron de no despertar demasiado descontento entre las multitudes enfurecidas, que buscaban un chivo expiatorio que eliminara las causas de su desgracia.

En 1492, Fernando II de Aragón y su esposa, Isabel I de Castilla, los dos «reyes católicos» que estuvieron entre los fundadores de la Inquisición, decidieron finalmente expulsar a todos los judíos y musulmanes que se negaran a convertirse al catolicismo. Entre 20.000 y 40.000 judíos (no hay datos sólidos que autentifiquen las cifras) que se negaron a retractarse de su religión fueron obligados a abandonar el país. Algunos emigraron a Portugal, otros a Italia, Grecia y distintas partes del Imperio otomano. Una minoría emigró a Europa Oriental y Noroccidental, o a la costa norteafricana (mucho menos atractiva desde un punto de vista económico).

Cinco años más tarde, la mayoría de los judíos también fueron expulsados de Portugal, incluidos algunos que habían sido expulsados de España y hubieron de volver a tomar su bastón de peregrino. La magnífica presencia judía en la península Ibérica había llegado a su fin.

Se suele decir que el concepto de «pureza de sangre» diferencia radicalmente el antijudaísmo moderno del antijudaísmo cristiano. En apariencia, en las ideologías de odio y desprecio anteriores a la aparición de las ciencias evolutivas a finales del siglo XVIII no existía una racialización basada en la «carne». Sin embargo, la ideología esencialista que surgió en los recovecos de la fe de los brutales agentes de la Inquisición, los sacerdotes incultos y pretenciosos, e incluso entre la burguesía urbana cristiana en situación de rivalidad económica con los nuevos conversos, parece ser un elemento sorprendente en las relaciones «judeo-cristianas», antes y después de la expulsión de España.

Quienes, según el dogma clerical, deberían haber sido perfectos cristianos tras su conversión, se habían convertido en sospechosos por su origen (judío o musulmán). En Toledo, por ejemplo, se decidió en 1492 que a los nuevos conversos al cristianismo no se les permitiría ocupar cargos públicos. La *limpieza de sangre* se convirtió en un principio rector de la discriminación de los cristianos nuevos. El árbol genealógico «biológico» se había convertido en un criterio para la atribución de derechos y gratificaciones, sobre todo entre la elite urbana, y al parecer formó parte de la decisión de expulsar a los judíos de la península Ibérica.

La pureza de sangre no solo se aplicaba a los conversos; fue parte integrante del proceso colonial en el nuevo mundo del continente americano. La *casta* (raza, linaje en portugués) establecía una clara distinción entre los nativos europeos y los indios de diferente sangre.

CAPÍTULO V

Extraños en el Humanismo, de Erasmo a Voltaire

> Jesús lloró, Voltaire sonrió: de esta lágrima divina y de
> esta sonrisa humana está hecho el dolor de la civilización
> actual.
>
> Victor Hugo, *Discurso con motivo del centenario*
> *de Voltaire*, 1878.

La revolución de las comunicaciones en la segunda mitad del siglo xv sentó las bases de futuros cambios decisivos en las relaciones de producción ideológica en Europa. La Reforma y los trastornos de la hegemonía católica en todo el continente, seguidos de la Ilustración, no pueden entenderse sin la invención de la imprenta. En el espacio de un siglo y medio, se publicaron varios cientos de miles de obras, y cosa significativa, no en latín, sino en lenguas locales. Se rompió definitivamente el monopolio de la formación de las conciencias en Europa, haciendo posible la aparición de nuevas sensibilidades religiosas y filosóficas, y contribuyendo al posterior advenimiento del nacionalismo.

En el marco de este breve estudio, no será posible pasar revista a toda la diversidad de expresiones de los pensadores protestantes, ni de los filósofos humanistas y de la Ilustración, relativos a la religión judía y los judíos. Nos concentraremos brevemente en tres figuras, tal vez las más importantes en el desarrollo de la concepción del mundo y del pensamiento que se produjo en el umbral de la modernidad.

Esas tres figuras no representan todas las nuevas sensibilidades y, basándonos en lo que dicen, no debemos deducir que las relaciones con los judíos se hubieran deteriorado o hubiesen mejorado. Sin embargo, resulta sorprendente, y no siempre comprensible, que en una época en la que la gente rompía con tradiciones arraigadas y luchaba contra prejuicios ancestrales, la hostilidad hacia los judíos persistiera, de forma tan fuerte y extraña.

Se dice que Erasmo, nacido en Róterdam e hijo natural de un noble, fue el padre legítimo del Humanismo europeo. Se lo considera el pensador que situó al hombre, en lugar de a Dios, en el centro del universo y, al mismo tiempo, apartó de él al judío. Con su humor característico, Erasmo fue capaz de decir: «Si ser cristiano significa odiar a los judíos, entonces todos somos cristianos notables». El autor del célebre *Elogio de la locura*, que fue quizá el primer éxito de ventas de la historia (aparte de la Biblia y el Nuevo Testamento), tenía un fuerte temor a los judíos y no dudó en expresarlo (al igual que su misoginia), no solo en numerosas cartas a sus amigos, sino también, de forma ocasional, en sus escritos públicos.

Ciertamente, Erasmo no dedicó ninguna obra específica a los seguidores de la fe mosaica, que nunca fueron el tema central de sus reflexiones. Sin embargo, su antipatía hacia los judíos estuvo siempre presente en su pensamiento desde el principio. Cada vez que se lo atacaba por sus traducciones o exégesis de la Biblia, se preguntaba si no corría sangre judía por las venas de sus detractores. Siguiendo los pasos de san Jerónimo, calificó el hebreo de lengua bárbara que le costaba dominar, temiendo que el renovado interés por el idioma supusiera una amenaza para el cristianismo. Su fobia antijudía llevó a Erasmo a contemplar a los judíos como conspiradores que intentaban propagar un neopaganismo por toda Europa y, lo que es más importante, como eternos adoradores del becerro de oro, cuya aspiración suprema era la acumulación de dinero.

Erasmo no estaba lejos de considerar a los judíos una asociación destinada a destruir la Iglesia, y en 1517 escribió de modo explícito a uno de sus amigos: «Nada hay más peligroso para la enseñanza de Cristo que esa plaga tan nociva: el judaísmo». En sus notas aparece también la palabra «raza», aplicada a los judíos, y por eso, incluso después de la expulsión de los judíos, España seguiría pareciéndole un país típicamente judío, debido al gran número de conversos que vivían allí.

MARTÍN LUTERO, FUNDADOR DEL PROTESTANTISMO

Cuando Martín Lutero publicó sus 95 tesis contra el clero católico en 1517, Erasmo simpatizó de inmediato con él e intercambiaron correspondencia. Aunque no quería posicionarse formalmente a favor de la Reforma, apreciaba el profundo disgusto de Lutero ante la hipocresía, la corrupción y la estupidez de la Iglesia. Lutero, como sabemos, se convirtió en el abanderado de la revuelta contra la hegemonía católica, y fue así el precursor del nuevo individualismo y pluralismo religioso en Europa. No sabemos hasta qué punto conocía las opiniones de Erasmo sobre la religión judía y sobre los judíos en general, pero al principio de su itinerario todo apunta a que rechazaba de plano las reticencias hacia los judíos expresadas por el gran humanista.

Ya en 1523, Lutero había expresado su simpatía primera por los seguidores de la religión de Moisés, humillados y proscritos. En un duro ensayo titulado *Que Jesucristo nació judío*, haciendo gala de una sensibilidad extrema mostró su solidaridad con el insoportable destino de los judíos, y echó a la Iglesia católica la culpa del fracaso de la conversión al cristianismo de los hijos del Israel bíblico. Si en la Antigüedad los misioneros, que eran predicadores judíos, se hubieran comportado con los infieles como lo hacen los católicos con los judíos, nadie en el mundo se habría convertido. Tenemos que acercarnos a los judíos, mostrarles misericordia, pues solo así recibirán y adoptarán el mensaje de bondad y amor del Crucificado.

El énfasis de Lutero en el hecho de que Jesucristo era judío de nacimiento no es irrelevante para nuestro asunto: Jesús y sus apóstoles eran judíos que habían elegido libremente hacerse cristianos. En esta etapa, no se encuentra en Lutero una teoría de sustitución de los «pueblos»; a su juicio, se trata sobre todo de una ampliación de la fe. Además, Lutero se muestra optimista en lo tocante al futuro de los judíos de su tiempo: si se los trata de forma correcta, no tardarán en convertirse. Denuncia sin ambages el esencialismo erróneo y engañoso que había arraigado en la *dóxa* católica hacia los judíos, y los invita a unirse a él en su lucha contra la corrupción clerical.

Veinte años más tarde, Lutero publicó su libro *Sobre los judíos y sus mentiras*, que se erige como uno de los más feroces escritos contra los judíos de principios de la era moderna. Es difícil comprender las razones de semejante giro espiritual. Tal vez tuviera algo que ver con el hecho de que Lutero había sido acusado más de una vez de ser un judío oculto; así, a partir de 1536, encontramos en sus cartas y expresiones públicas un distanciamiento recurrente de los circuncisos. Quizá también se sintió muy decepcionado al ver que los judíos no tenían en cuenta sus posturas a favor de ellos y no se unían en masa al nuevo cristianismo purificado. En cualquier caso, los acusó abiertamente de haber intentado explotar, para sus propios fines, la ruptura que él había creado en el seno del cristianismo, y de haber ejercido una influencia perjudicial sobre ciertas corrientes de la Reforma. Ya había sospechado que intentaban envenenarle enviándole comida *kosher*.

Lutero bien pudo haber perdido la esperanza ante la obstinada negativa de los judíos a recibir el mensaje de los Evangelios. En algún momento, dejó de verlos como ilusos o ciegos, para considerarlos verdaderos hijos de Satanás, incapaces de enmendarse. Al final, se dejó llevar totalmente por el esencialismo antijudío y no dudó en proponer una serie de acciones para contrarrestar su presencia, que consideraba peligrosa y tóxica; por ejemplo, quemar las sinagogas, con todos los libros del Talmud y los salmos en ellas. Había que impedir que los rabinos enseñaran en las casas de estudio, confiscar las propiedades de los judíos y destruir sus hogares, prohibirles viajar por las carreteras principales, no permitirles comerciar ni, por supuesto, realizar préstamos con intereses. Concluía su calumnioso texto afirmando que «estos gusanos venenosos y ponzoñosos» debían ser enviados a prisión, o bien expulsados para siempre.

En vísperas de su muerte, Lutero volvió a pronunciarse sobre la esencia de los judíos. La desafortunada y chocante afirmación de Jesús en el Nuevo Testamento acerca de que los judíos eran hijos de Satanás llegó a ocupar un lugar central en la nueva teología de la Reforma. Para Lutero, los judíos no solo eran seguidores de una fe diferente y refractaria, sino que pertenecían a un grupo particular y separatista, que ciertamente no debía ser eliminado, pero que había que desarraigar y alejar de las comunidades cristianas.

Debido a su papel central en el nacimiento del protestantismo, se han dedicado muchas páginas a la judeofobia de Lutero, y a sus aportes a la formación de la imagen del judío entre los luteranos en general y entre los luteranos alemanes en particular. El texto del teólogo alemán sobre los judíos, que se había reimpreso varias veces en el siglo xvii, se incluyó en diversos manuales de catecismo antes de ser reimpreso en las décadas de 1830 y 1840, y de nuevo después de 1933, cuando Hitler llegó al poder.

Fue blandido con orgullo en Núremberg durante el gran desfile del Congreso del Partido Nacionalsocialista. Sin embargo, preguntar si Lutero «influyó» en el nazismo sería una hipótesis engañosa.

VOLTAIRE EL ILUSTRADO

La cuestión de si Voltaire «influyó» en los liberales durante la Revolución francesa tampoco tiene fundamento. En general, son los influenciados quienes eligen su influencia, cuando la necesitan, y los modos de «influencia» son siempre más complejos de lo que cuentan los libros de historia. Sin embargo, los textos ayudan a crear un clima intelectual: cuando la sociedad cambia, busca y recurre a nuevos escritos. En vida, Voltaire ya se había convertido en el símbolo del racionalismo y de la Ilustración; sus obras eran leídas con fervor por los eruditos de su época, y asimismo por los futuros revolucionarios. Es bien sabido que Voltaire, educado por los jesuitas, detestaba en especial a la Iglesia. Resulta difícil afirmar quién era más hostil al catolicismo, si Lutero o Voltaire. E, igualmente, es difícil decidir cuál de los dos odiaba en mayor grado lo que Voltaire describía como «el pueblo más abominable de la tierra».

La mente inquisitiva e ilustrada de Voltaire se vio bloqueada por la complejidad del problema judío. Su aversión a la Biblia parece lógica a primera vista. En varias ocasiones expresó en sus escritos su disgusto por el antiguo texto bíblico, que glorifica la eliminación de los infieles. En su opinión, la conquista de la tierra de Canaán, acompañada del exterminio de sus habitantes originales por orden de Dios, era un acto de barbarie, y el hecho de que fuera sacralizada tanto por judíos como por cristianos demostraba hasta qué punto ambas creencias descansaban sobre una base moral desastrosa. Pero Voltaire no se detuvo ahí, y no se contentó con acusar a los antiguos hebreos: en su *Ensayo sobre las costumbres y el espíritu de las naciones*, publicado en 1756, no pudo abstenerse de incriminar a sus contemporáneos judíos:

> No conocen ni la hospitalidad, ni la liberalidad, ni la clemencia. Su mayor alegría es practicar la usura con los extraños; y este espíritu de usura, el principio de toda cobardía, está tan profundamente arraigado en sus corazones que es el tema continuo de las figuras que emplean en el tipo de elocuencia que les es peculiar. Su gloria es incendiar las pequeñas aldeas de las que pueden apoderarse. Degüellan a ancianos y niños; solo reservan a las hijas núbiles; asesinan a sus amos cuando son esclavos; nunca perdonan cuando son vencedores; son enemigos del género humano. No hay cortesía, ni ciencia, ni arte perfeccionados en ningún momento por esta nación atroz.

Pocos de sus enemigos católicos utilizaron los términos que Voltaire empleó para estigmatizar a los judíos. Pocos pensadores de la Ilustración igualaron su judeofobia (e islamofobia). Aunque hay expresiones duras aquí y allá del barón d'Holbach e incluso de Diderot, ninguna iguala la profundidad del desprecio y la repugnancia que Voltaire sentía por los hijos del «pueblo maldito». Nunca lo ocultó y, como gran lector que era, no cesaba de encontrar nuevos defectos en los judíos.

En su brillante *Enciclopedia filosófica*, publicada en 1769, queda muy claro que Voltaire ve a los judíos como un pueblo extranjero y singular, inculto y bárbaro. Y así, en la mejor tradición católica, concluye que, por ello, los hijos de este pueblo repulsivo no deben ser quemados.

¿Era Voltaire un racista moderno? Pasarían algunos años más antes de que el «progreso científico» se dejara seducir por la idea de clasificar las razas humanas en jerarquías similares a las del género en el mundo viviente. En muchos aspectos, sin embargo, Voltaire fue un pionero en comparación con sus contemporáneos. En su *Tratado de metafísica* de 1734, por ejemplo, encontramos afirmaciones como las siguientes: «Veo hombres que me parecen superiores a estos negros, como estos negros lo son a los monos, y como los monos lo son a las ostras y otros animales de este tipo».

Los judíos ocupaban un lugar especialmente bajo en la jerarquía humana de Voltaire. Algunos investigadores han conjeturado que las colosales deudas de Voltaire con usureros judíos (el filósofo era un hombre derrochador y despilfarrador) lo llevaron a odiar a los judíos. Otros han interpretado esta hostilidad en el contexto general de una filosofía radicalmente antirreligiosa. Es difícil aceptar estos argumentos si nos fijamos en las finas distinciones que Voltaire hacía sobre otros muchos temas, y en particular en su gran sensibilidad ante la injusticia, el engaño y los ataques a los débiles. Su filosofía de la tolerancia, que dio mucho que pensar en su época a las concepciones progresistas del mundo, no se aplicaba a los judíos, y no hay ninguna explicación racional para su judeofobia heredada.

En 1942, Henri Labroue, profesor de Historia en la Sorbona, decidió impartir un curso general sobre la «historia del judaísmo». Para apoyar este curso, publicó un volumen titulado *Voltaire antijudío*, una recopilación de los pensamientos del filósofo de la Ilustración sobre el pueblo maldito. El objetivo del profesor era demostrar, en línea con «el espíritu de la época», cómo el antijudaísmo formaba parte intrínseca de la tradición cultural de Francia. El historiador fue procesado al final de la Ocupación, y su volumen es ahora imposible de encontrar en las bibliotecas.

La judeofobia de Erasmo, Lutero y Voltaire podría enseñarnos que la *dóxa* antijudía no era prerrogativa de las masas. Esta *dóxa* hegemónica incluía también a brillantes intelectuales que compartían las mismas convenciones y valores ideológicos recibidos como una certeza intangible, sin necesidad de un ápice de verdad histórica. Estos tres pensadores, entre los más audaces en los albores de la modernidad, sabían que, para atreverse a desafiar al viejo mundo, primero había que demostrar que no te gustaban los judíos.

La «verdad natural» en la Europa de Erasmo, Lutero y Voltaire era que los judíos no solo eran extranjeros, sino también culpables de algo: esta convención fácilmente compartida siguió siendo hegemónica hasta la gran Revolución francesa, e incluso… hasta mucho después.

CAPÍTULO VI

Revolución, emancipación y nacionalidad

> La intolerancia religiosa solo admite como verdadera la religión profesada [...], porque la verdad es una. La tolerancia civil, en cambio, permite que cada cual profese su propia religión sin aprobarla, pero también sin obstaculizarla.
>
> El abate Grégoire, *Ensayo sobre la regeneración física, moral y política de los judíos*, 1787.

En la década de 1790, Immanuel Kant pronunció su famosa conferencia sobre la *Antropología en sentido pragmático*, publicada en forma de libro en 1797. En un comentario, el filósofo consideró útil dejar claro lo siguiente: «Los nativos de Palestina que viven entre nosotros se han labrado desde el destierro, la mayoría de ellos al menos, por su inclinación a la usura, una reputación de embusteros demasiado bien merecida».

Kant, considerado el principal filósofo de la era moderna, todavía definía a los judíos, en la época de la Revolución francesa, como extranjeros poco fiables, llegados a Europa desde otro continente. Después de mil quinientos años, el código principal del mito cristiano sobre un pueblo-raza errante seguía vivo y coleando, pero la vieja *dóxa* desplegada desde Agustín hasta Kant estaba a punto de resquebrajarse bajo los golpes de gentes menos «sabias» que esas dos destacadas figuras.

Casi al mismo tiempo que Kant impartía sus profundas lecciones, en la Asamblea Constituyente reunida en París, un joven diputado se levantó para proclamar:

Os han contado cosas sobre los judíos infinitamente exageradas y a menudo contrarias a la historia. ¿Cómo compararlas con las persecuciones de que han sido objeto por diversos pueblos? [...] Todavía se les imputan vicios y prejuicios, y el espíritu de secta y de interés los exagera. Pero ¿a quién atribuirlos sino a nuestras propias injusticias? Habiéndolos excluido de todos los honores, incluso de los derechos de la estima pública, no les hemos dejado más que el objeto de especulaciones lucrativas.

Este diputado, cuyo nombre era Maximilien Robespierre, participó activamente en los debates sobre el futuro de los judíos en la nueva Francia.

Robespierre era discípulo de Jean-Jacques Rousseau: uno de los pocos pensadores del siglo XVIII que no manifestó judeofobia. Varios diputados, entre ellos por supuesto el jacobino abate Grégoire, apoyaron a Robespierre, mientras que otros, liberales moderados (a la manera habitual de los liberales, con la excepción de Mirabeau), consideraban a los jacobinos demasiado extremistas en su reivindicación de una completa igualdad civil y política. No estaban a favor del pleno reconocimiento de los derechos civiles de los judíos, alegando que estos, que habían «venido de lejos», serían un pueblo extranjero y constituirían siempre una nación dentro de otra nación. En septiembre de 1791, los demócratas «extremistas» se impusieron finalmente: se aprobó la ley que concedía plena igualdad de derechos a los judíos residentes en Francia.

A lo largo del siglo XIX, todos los países de Europa Occidental (y fuera de Europa: Canadá y Estados Unidos) siguieron el ejemplo de Francia: Holanda primero, luego Bélgica y Grecia; en Gran Bretaña, el proceso fue más lento y gradual, pero coherente. En Prusia, la igualdad se alcanzó en 1866, y en 1867 en el caso de Austria-Hungría; en Italia, no fue hasta la unificación del país en 1870, mientras que en Suiza la legislación se adoptó en 1874. El progreso de las leyes de igualdad se detuvo en las fronteras de Europa Oriental. En el Imperio ruso, donde residía entonces la mayoría absoluta de los judíos, hubo que esperar, penosamente, hasta la Revolución de 1917.

Es difícil evaluar con certeza el número de judíos a principios del siglo xix. Según cálculos conservadores, en Francia vivían unos 40.000 judíos (de una población total de 28 millones de habitantes), frente a 160.000 en Alemania, que aún no estaba unificada, y, sobre todo, más de 1,5 millones en el Imperio ruso, incluidas Polonia y Lituania.

La Francia de la Revolución fue, por lo tanto, pionera en conceder a los judíos la plena igualdad. Algunos judíos no estaban satisfechos; temían, y no sin razón, que esta ley desintegraría sus comunidades religiosas y debilitaría su autoridad legal y espiritual sobre los fieles. Sin embargo, la mayoría de los judíos acogieron con entusiasmo la igualdad, la liberación del gueto, la posibilidad de establecerse en ciudades de las que antes habían sido excluidos y, por supuesto, las oportunidades de integración en la sociedad, la economía y la cultura.

La aplicación del principio de igualdad de ciudadanía cambió radicalmente la presencia de los judíos en Europa. De ser comunidades marginales alejadas de las corporaciones, las universidades, el aparato de poder y, más en general, de la escena pública, los judíos pasaron a formar parte de los centros de actividad económica y cultural. Abandonaron su vestimenta tradicional y sus costumbres seculares, y se convirtieron en parte integrante del proceso de modernización, del que a menudo fueron de los promotores más dinámicos. La abolición de las numerosas prohibiciones que antes los encadenaban dio a estos antiguos parias el impulso necesario para lograr los mejores resultados posibles en diversos campos.

Muchos pensaban que el debilitamiento del estatus de la Iglesia y la consecución de la igualdad civil conducirían lógicamente a una disminución del odio a los judíos y de su humillación, tanto institucional como popular.

Sin embargo, aunque el antijudaísmo en Europa Occidental había cambiado y quizá incluso retrocedido, no había desaparecido. No sabemos realmente lo que sentían y pensaban las masas; de hecho, dejaron pocas pruebas, aparte de estallidos de protesta o datos estadísticos. Todavía no existía la enseñanza obligatoria; solo una minoría leía periódicos o libros. Sin embargo, teniendo en cuenta que la mayoría de la población era creyente, es posible hacerse una idea de la relación con los judíos observando dos acontecimientos que sacudieron Europa y en cuyo centro estaban los judíos.

El «caso Damasco», en 1840, relativo al asesinato de un monje francés y su criado, supuso la inmediata detención de trece judíos habitantes de la ciudad. Los cristianos ortodoxos los acusaron de matar al monje por motivos religiosos: los asesinos necesitaban sangre cristiana para preparar el pan ácimo de Pascua. El cónsul francés en Damasco, entonces bajo dominio egipcio, apoyó las acusaciones, dando todo su respaldo a los acusadores. Los detenidos judíos fueron atrozmente torturados, hasta el punto de que dos de ellos murieron a consecuencia de los malos tratos. Dado que entre los acusados había súbditos austriacos, Austria-Hungría presionó para que se retiraran los cargos y consiguió la liberación de los prisioneros.

El presidente del Consejo, Adolphe Thiers, consideró que se trataba de un acto antifrancés y dio todo su apoyo al cónsul, al que renovó su confianza. En París, toda la prensa conservadora y católica, simpatizante del gobierno, se unió en apoyo de la acusación judeófoba de crimen ritual, mientras que en el extranjero, especialmente en Gran Bretaña y Austria, los periódicos denunciaban las detenciones y las ridículas acusaciones.

El segundo episodio se conoce como el «caso Mortara». Edgardo Mortara, hijo de una familia judía, nació en 1851 en Bolonia, entonces parte de los Estados Pontificios. El niño enfermó gravemente, y la criada cristiana de la familia se encargó de bautizarlo para salvarlo. Cuando se informó a la policía vaticana, el niño fue arrebatado a la fuerza a sus padres para que pudiera crecer como cristiano. Este caso de secuestro, que se hizo público en Europa, provocó oleadas de protestas de personalidades liberales y políticos, pero el papa Pío IX se opuso a la devolución del niño a su familia, y este vivió como monje y misionero el resto de su vida.

Estos dos casos recordaron a muchos judíos un pasado reciente y contribuyeron a la fundación de las primeras organizaciones judías internacionales, sin que eso alterase en absoluto el patriotismo y la creciente lealtad de los judíos a sus nuevas patrias, que se construían a un ritmo acelerado en el siglo xix. Los judíos se integraron plenamente en la conciencia nacional de su tiempo: como millones de otros ciudadanos, se hicieron totalmente franceses, totalmente ingleses, totalmente alemanes… pero no polacos, rusos o ucranianos.

Judeofobia y creación de naciones

El declive relativo de la Iglesia se produjo al unísono con el auge del nacionalismo moderno. Sin duda, el Estado-nación no ha suplantado a la Iglesia, con la que a veces se ha aliado y a la que en ocasiones se ha opuesto, pero ha asumido poco a poco una posición hegemónica en la nueva política de la identidad.

Cada agrupación nacional se formó de una manera diferente; hubo tantas nacionalidades creadas en los siglos xix y xx como variantes y principios fundacionales para alcanzar la soberanía. El nacionalismo inglés (y más generalmente anglosajón) difiere del francés, que a su vez tiene poco que ver con el alemán. Aunque todo nacionalismo conlleva un ardiente deseo de unificación cultural y lingüística, los niveles de unificación, al igual que sus principios, han variado de un lugar a otro.

Así, por ejemplo, la unidad nacional británica ha permitido un grado de pluralismo con respecto a los galeses y los escoceses que no se encuentra en la construcción nacional de Francia. El Estado-nación francés no ha dejado espacio para la autonomía de Bretaña o Provenza: la apisonadora cultural y lingüística ha aplastado los restos de las especificidades locales. Sin embargo, a ambos lados del canal de la Mancha, los principios de la nacionalidad han mantenido un planteamiento político integrador. La integración y la asimilación han permanecido bastante abiertas, aunque no siempre haya sido así.

En Alemania, en cambio, la pertenencia a la nación, que empezó a tomar forma en el siglo XIX, era diferente. No podía construirse en torno a una Iglesia o una monarquía centralizadora, como en Inglaterra o Francia, por lo que la base etnocéntrica imaginaria y exclusiva pesaba mucho. En los demás países de Europa Oriental, el vaivén entre principios civiles y etnocentrismo también inclinó la balanza hacia definiciones etnorreligiosas cerradas, en lugar de hacia una ciudadanía política abierta.

Las características y los principios fundadores de las culturas nacionales han condicionado fuertemente la relación con los judíos. Estas características y principios, así como la relación con los judíos, han experimentado sin duda muchos cambios a lo largo de los siglos XIX y XX, por lo que cualquier generalización correría el riesgo de alejarnos de la complejidad del tema. Sin embargo, es necesario identificar ciertos perfiles para evitar caer en la trampa del «antisemitismo eterno», que, idéntico en todas partes y en todos los tiempos, sería inherente a la mentalidad humana.

La hostilidad hacia los judíos estaba bien arraigada en Inglaterra, y más tarde en Gran Bretaña: ya se ha mencionado a Shakespeare a este respecto, y podrían añadirse muchas otras expresiones literarias: desde Geoffrey Chaucer y Edmund Burke hasta Charles Dickens y T. S. Eliot. Sin embargo, las ideas explícitamente racistas y una prensa totalmente antijudía estaban menos desarrolladas en las islas Británicas que en otras partes del continente europeo. Aunque Darwin era ciudadano británico, la aplicación del darwinismo en relación

54

con los judíos siguió siendo marginal, en comparación con su uso ideológico para apoyar la segregación de las poblaciones indígenas en las colonias.

Houston Stewart Chamberlain es un buen ejemplo; su racista *La génesis del siglo XIX* se publicó por primera vez en Alemania, donde encontró un público receptivo. Su admiración por la «raza aria» y su profundo desprecio por la «raza judía» no fueron apreciados por la mayoría del público de su país.

En Alemania, el antijudaísmo de otro tipo empezó a florecer en el siglo XIX. El hecho de que protestantes y católicos hablaran en dialectos alemanes, y de que la fragmentación política del país hasta 1870 los impidiera compartir un magnífico pasado uniforme, dio lugar a aspiraciones nacionales basadas en un imaginario origen «orgánico», mucho más que en un presente político y cultural. Este nacionalismo etnocéntrico aún no era verdaderamente etnobiológico, pero las expresiones «völkistas» o *Völkisch* (corriente que subraya el carácter específico, excepcional y místico del pueblo alemán) eran cada vez más populares en la literatura alemana. Tras la derrota de Prusia a manos de Napoleón, el famoso filósofo Johann Gottlieb Fichte ya había elaborado definiciones esencialistas del *Volk* germánico, y él mismo aconsejó a los judíos, que constituían un «Estado dentro del Estado», que emigraran a Palestina.

En 1819, los disturbios de Hep-Hep (pogromos contra los judíos) demostraron que una parte de las masas de la Confederación Germánica rechazaba totalmente la igualdad de derechos para los judíos y albergaba un agresivo sentimiento antijudío. Esto no impidió que los judíos de habla alemana aspiraran cada vez más a integrarse en este entorno sociocultural. El poeta Heinrich Heine, que era en muchos sentidos el más alemán de los alemanes por su perfecto dominio de la lengua y la cultura nacionales, intentó en vano romper la barrera de la «auténtica» identidad alemana convirtiéndose al cristianismo. Al fracasar, decidió trasladarse a Francia en 1831.

Francia fue el primer país que concedió la igualdad de derechos a los judíos. La situación era, pues, muy diferente.

La emancipación parecía un éxito total, e incluso más rápido que en Gran Bretaña. Los judíos se habían integrado bien en la vida pública, y el gran proceso de construcción de la nación francesa los había incluido en su conjunto. Fue así como a un judío, Adolphe Crémieux, se lo nombró ministro de Justicia en la Segunda República, en 1848. Por eso puede parecer extraña la observación de Léon Poliakov, historiador del antisemitismo, de que en Francia se ha vertido más tinta contra los judíos que en otros lugares.

¿Eran «residuos» pesados, aún presentes en la tradición de la Iglesia católica? ¿Acaso el éxito de algunos judíos y su rápido ascenso en la sociedad y la economía francesas despertó celos? ¿Quizá la tendencia a vincular a los franceses con su «origen» galo apartó también a los judíos de la narrativa nacional que se estaba construyendo rápidamente, tanto hacia atrás como hacia delante? Los bretones, los provenzales y los normandos podían ser absorbidos por el pasado imaginario galo y ser considerados participantes plenos, a largo plazo, en el destino histórico común. Por otra parte, ¿podrían verse como descendientes de los galos los «llegados de Palestina»?

El carácter abiertamente integrador de la concepción francesa de la nacionalidad era más fuerte que el mito galo, y los alumnos de origen judío podían aprender en la escuela «Nuestros antepasados, los galos» sin que sus profesores encontraran nada ilegítimo en ello. (Es difícil imaginar que, más tarde en Alemania, los alumnos de origen judío hubieran podido proclamar: «Nuestros antepasados, los teutones»).

Sin embargo, el nacionalismo jacobino que los había convertido, por la fuerza de la autoridad, en franceses también les exigía una uniformidad cultural que no siempre se conseguía al ritmo deseado. Al igual que muchos católicos, al convertirse en republicanos, no habían renunciado a algunas de sus prácticas culturales, era lógico que muchos judíos, integrados en la cultura nacional en proceso de formación, siguieran observando seculares prácticas tradicionales.

El hecho de que la identidad judía se disimulara con ropa de moda la hacía aún más sospechosa. El judío laico, cuyos piadosos padres observaban las fiestas religiosas, ahora las celebraba por respeto a una tradición de humillados, lo que no animaba especialmente a sus vecinos a considerarle un francés de pleno derecho. El mandato «Sé judío en tu casa, y un hombre cuando sales», un dicho común entre los judíos que se habían hecho ingleses, franceses o alemanes, reflejaba la ambivalencia del proceso de su integración en la modernidad. Esta dualidad fue en parte responsable de la judeofobia que acompañó a la nacionalización de las masas en Francia y Europa.

La perpetuación de la aversión hacia los judíos se explica por el hecho de que el continente, cada vez más nacional, era al mismo tiempo cada vez más afín al capitalismo. Dado que unas pocas familias judías, ultraminoritarias entre los judíos europeos, se destacaban en la carrera por concentrar grandes capitales bancarios en Inglaterra, Francia y Alemania, esta situación no podía dejar de vincularse con la tradición de hostilidad cristiana a la usura en la época premoderna.

El historiador Jules Michelet, el más auténtico heredero espiritual del republicanismo revolucionario y quien, más que ningún otro, contribuyó a la invención de la nación francesa, generosa y milenaria –desde los celtas hasta la gran Revolución–, aunque más anglófobo que judeófobo, no pudo evitar escribir con desenmascarado cinismo en *El pueblo*, su breve obra patriótica publicada en 1846: «Los judíos, se diga lo que se diga, tienen una patria, la Bolsa de Londres; actúan por doquier, pero sus raíces están en la tierra del oro».

El nuevo capitalismo era demasiado abstracto. Para el imaginario intelectual, necesitaba portadores concretos que no formaran realmente parte de la nación, o… de las clases populares.

CAPÍTULO VII

Los judíos, entre el capitalismo y el socialismo

[...] antes del caso Dreyfus, todos los socialistas –bueno, la gran mayoría de los socialistas en su extrema mayoría– eran fundamentalmente racistas.

Michel Foucault, «Hay que defender la sociedad»,
Collège de France, 1975.

Dos grandes pensadores establecieron las primeras expresiones de la crítica del capitalismo que despuntaba en Europa: el británico Robert Owen y el francés Charles Fourier. Ambos formularon una crítica aguda y original del capitalismo, cuya dimensión moral, en contra de sus previsiones, sigue resonando hoy en día. Sin embargo, mientras Owen combatió los prejuicios contra los judíos, llegando incluso a enviar una valiente petición al Parlamento en la que pedía el fin de «toda discriminación contra los judíos por razón de su religión», la actitud de Fourier fue muy distinta desde el principio.

El pensador de las comunidades colectivistas, a las que llamó «falansterios», consideraba a los judíos no solo seguidores de un culto específico, sino también, explícitamente, pueblo y nación. Según Fourier, este pueblo no estaba civilizado, sino que seguía siendo patriarcal, desbordante de pasiones, y su nivel ético ya estaba degradado en la Antigüedad. Este pueblo despreciable, sin logros artísticos ni científicos, siempre ha sido conocido por sus actos criminales.

En su libro *El nuevo mundo industrial y social*, publicado en 1829, que pretendía ser una vehemente denuncia del comercio moderno y de la estafa en que se basaba, dedicó páginas específicas a los inmorales y deshonestos judíos: «Un defecto más grave de esta nación es que se dedica exclusivamente al tráfico, a la usura y a las depravaciones mercantiles [...]».

A Fourier le costó mucho ganarse la vida con el comercio y la contabilidad, y durante toda su vida detestó estas actividades inestables. Su trato con comerciantes, banqueros y prestamistas lo llevó a la conclusión de que la circulación y concentración de capitales en pocas manos era el azote de la humanidad a principios del siglo XIX. El fraude es siempre inherente a la actividad de los usureros, y no es casualidad que los judíos sean los peores de ellos. Por supuesto, los judíos no son los únicos avariciosos y explotadores: los chinos son parecidos, y también hay que saber protegerse de los musulmanes.

Casi todos los escritos de Fourier contienen observaciones punzantes contra los judíos, siempre centradas en las anormales actividades de los «circuncisos». Sin embargo, no desesperaba de este pueblo improductivo y asocial. («Asocial», porque los judíos no quieren comer la comida de los demás). Había que reeducar a los judíos: obligarlos a realizar trabajos productivos en la agricultura y la industria. Para ello, se debía dispersarlos por los pueblos, para que participaran en las tareas agrícolas. Sin embargo, la distribución tenía que hacerse con cuidado: una familia judía debía asentarse entre cien familias de agricultores y productores franceses corrientes.

Con el paso de los años, Fourier perdió la esperanza de una rehabilitación moral de los judíos, y en adelante no cesará de apelar a cerrarles de forma definitiva las puertas de entrada a Francia. Sin embargo, en su último libro, *La falsa industria*, publicado en 1836, formuló una solución de todo punto nueva al problema judío. Fourier, quizá el primer socialista judeofóbico del siglo XIX, se convirtió también en el primer sionista de la historia, pese a que el término aún no existía y la idea del retorno de los judíos a Tierra Santa ya se había planteado, si bien no tan clara y formalmente, en el siglo XVII.

Fourier creía que los ataques contra los judíos irían *in crescendo*, por lo que tenían que salir de Europa y regresar a la tierra de sus antepasados en Palestina. Un orgulloso renacimiento nacional es mil veces preferible a los turbios negocios en bolsa, ya que transformará a este pueblo de mercaderes en un magnífico pueblo de productores. Y, lo que no es menos importante: la colonización de nuevas tierras solo podía lograrse poniendo en práctica la idea del falansterio. Las comunidades productivas se desarrollarían y convertirían el desierto en tierra cultivable; para realizar este proyecto social-nacional, habría que encontrar un millonario judío dispuesto a invertir en esta empresa pionera.

Para Fourier, el mejor candidato era evidentemente Rothschild: el primer socialista creía que el primer banquero judío estaría dispuesto a asumir esta misión, porque al hacerlo se convertiría en el rey de los colonos judíos. Esta nueva realeza llegaría a un acuerdo con los musulmanes, y el planeta entero podría reconocer el valor productivo de los falansterios, mientras que los judíos allanarían el camino para la emancipación del mundo de la abominable tiranía del dinero.

Lejos de contradecir su judeofobia, el «sionismo» de Fourier la perfeccionó. En su última obra, no expresaba ninguna aversión por los judíos; esperaba, al parecer, que Rothschild o algún otro filántropo judío se sintiera favorablemente impresionado por su proyecto. La creación de un reino judío, con comunas de producción, lograría un doble objetivo: Francia se libraría de sus judíos y las unidades colectivas de producción servirían de modelo histórico de éxito.

Curiosamente, la utopía fourierista empezó a tomar forma menos de cien años después. Es cierto que Rothschild no se convirtió en rey de los judíos, pero el movimiento sionista creó grupos de producción colectiva (los *kibbutz*), que no dejan de recordar a los falansterios surgidos del febril cerebro de Fourier.

El pensamiento de Fourier, extraño e incluso marginal para su época, conmocionó a los publicistas e incluso a los militares e industriales. La idea de asociación en lugar de competencia, la crítica de la circulación del capital y la modernización de la producción agrícola fueron adoptadas en amplios círculos y alimentaron significativamente el pensamiento socialista que estaba surgiendo en ciertos sectores de la opinión pública.

Aunque la hostilidad de Fourier hacia los judíos le granjeó bastante respeto, así como algunas reservas, no todos los fourieristas eran antijudíos, del mismo modo que no todos los antijudíos tendían al anticapitalismo. Todo el campo conservador, tanto su rama católica como la más laica, no apreciaba la igualdad de derechos concedida a los judíos.

Victor Considérant, jefe de filas de la escuela fourierista, apoyado por numerosos partidarios, se distanció de la judeofobia y condenó explícitamente cualquier tipo de xenofobia; a diferencia de otro fourierista: Alphonse Toussenel, autor, en 1845, de un éxito de ventas titulado *Los judíos, reyes de la época. Historia del feudalismo financiero*. En el discurso judeofóbico, los seguidores de la religión mosaica ya no eran simples usureros y banqueros; se habían convertido en los nuevos amos de Europa. Estos nuevos amos, según este socialista populista, aborrecen a las clases trabajadoras. Entre los amigos fourieristas de Toussenel, algunos insistían abiertamente en la naturaleza extranjera y racial de los judíos, y quería que fueran expulsados del país.

PROUDHON, PADRE DEL ANARQUISMO

Hoy en día, es difícil describir a Claude-Henri de Rouvroy, conde de Saint-Simon, y a sus seguidores «sansimonianos» como críticos del capitalismo, lo que podría ser una de las razones de la práctica ausencia de tendencias antijudías dentro de dicha corriente de pensamiento; la única excepción es Pierre Leroux, judeófobo sistemático y consecuente, pero que, al mismo tiempo, se distanció de la doctrina de Saint-Simon. Auguste Blanqui formula algunos comentarios antijudíos, pero apenas se distinguen de sus venenosos comentarios sobre el cristianismo. Otros «blanquistas», en particular Gustave Tridon, se revolcaron más tarde en un antijudaísmo racial y esencialista.

Sin embargo, es Pierre-Joseph Proudhon quien constituye el caso más sorprendente de judeofobia en la historia de la izquierda francesa. En 1847, el padre del anarquismo escribió en su diario:

> Judíos. Redactar un artículo contra esta raza, que lo envenena todo metiendo las narices en todo, sin mezclarse nunca con ningún otro pueblo. Exigir su expulsión de Francia, con excepción de los individuos casados con francesas; suprimir las sinagogas, no admitirlos en ningún empleo y, por último, perseguir la abolición de este culto. No en vano los cristianos los han llamado deicidas. El judío es enemigo del género humano. Debemos enviar a esta raza de vuelta a Asia, o exterminarla. H. Heine, A. Weil y otros no son más que espías secretos; Rothschild, Crémieux, Marx, Fould, seres mezquinos, biliosos, envidiosos, amargados, etc. etc., que nos odian [...].

No es la única vez que Proudhon atacó a los judíos, aunque no aprovechó muchas oportunidades para hacerlo, pero es una de sus filípicas más duras. Sin embargo, nunca llevó estas invectivas a la arena pública, donde ejerció una mayor moderación y mesura.

Su grito de cólera no fue casual. Unos meses antes de que Proudhon escribiera estos insultantes comentarios en su diario, Karl Marx había publicado en francés su ensayo *Miseria de la filosofía*, en el que combatía todo el argumentario de la crítica de Proudhon a la economía de mercado. Proudhon había considerado hasta entonces al revolucionario exiliado como un amigo, por lo que esta crítica mordaz lo horrorizó: «Marx es la tenia del socialismo», escribió en su diario, y hay muchas razones para creer que las odiosas frases contra los judíos en bloque, citadas anteriormente, están relacionadas con la afrenta que sintió a manos de un «judío alemán». Poco importaba a Proudhon que Marx fuera hijo de una familia convertida al cristianismo, y que él mismo no dudara en expresar su repugnancia por los judíos, sin saber nada de la religión judía. (Un fenómeno idéntico ocurrió con Mijaíl Bakunin, figura emblemática del anarquismo ruso, quien, exasperado por la arrogancia del «judío» Marx, trasladó su odio más irracional a todos los «circuncisos»).

Volviendo a Proudhon, su expresión pública sobre el problema judío fue, como hemos visto, más «moderada». Estudió hebreo durante varios años, con la intención de escribir un vasto ensayo histórico sobre el «judaísmo», sin que llegara a concretar el proyecto. Siempre estuvo convencido de que los judíos eran un pueblo-raza que buscaba emigrar de Palestina al continente europeo, no a causa de un exilio forzoso, sino impulsados por el agudo instinto del comercio. El espíritu parasitario y el afán de lucro están en la raíz del nomadismo judío. Prueba de ello era el hecho de que tenían derecho a practicar la usura a costa de los cristianos, pero no de sus semejantes. Desde los tiempos de Jesucristo hasta la Revolución francesa, a pesar de las persecuciones de que fueron objeto, los judíos vivieron, y siguen viviendo, a costa de los demás.

Sin embargo, siempre según Proudhon, existen serias dudas sobre que este pueblo inventara el monoteísmo, porque los términos abstractos no existen en la antigua lengua hebrea; el nacimiento del monoteísmo procede probablemente de una inspiración indoeuropea. Esta raza de hebreos carece de todo sentido político, y su falta de deseo de renacimiento nacional confirma su inaptitud para la autodeterminación. En definitiva, no son más que una raza de especuladores y estafadores a quienes les gusta criticarse y pelearse entre ellos y con todo el mundo.

Pero no nos equivoquemos: los judíos no eran los únicos que Proudhon detestaba. A ellos se unieron otros invasores: ingleses, alemanes, belgas y otros extranjeros. La Declaración de los Derechos del Hombre en 1789 y el liberalismo político y económico que se ha impuesto desde entonces han abierto las puertas a una inmigración desenfrenada. En Francia, los judíos se apoderaron de los bancos y de todo el comercio, mientras que batallones de obreros belgas, alemanes, ingleses y suizos vinieron a ocupar el lugar de los trabajadores franceses en la industria y la agricultura.

Después de los judíos, los ingleses fueron los más dominantes: se apropiaron de las riquezas de Francia y mancharon su raza.

¿Y LOS ANARQUISTAS?

Sin embargo, al igual que otros antijudíos de la izquierda, y más allá de todas sus críticas y sus gritos de cólera, Proudhon no se opuso a la emancipación de los judíos ni cuestionó en absoluto la igualdad de derechos que se les había concedido (aunque sí se opuso a la abolición de la esclavitud de los negros). A diferencia de Fourier, nunca pidió públicamente la expulsión de los judíos de Francia y su regreso a Palestina.

Algunos de los adoradores anarquistas de Proudhon eran judeófobos viscerales, pero otros llegaron a defender a los judíos: Émile Pouget, Élisée Reclus y Sébastien Faure estuvieron entre los primeros defensores de Dreyfus.

Bernard Lazare sigue siendo, sin embargo, el anarquista más conocido en el contexto del caso Dreyfus; aquel sin el cual el acontecimiento probablemente no se habría convertido en un asunto público. Este anarquista marginal, discípulo de Proudhon, adoptó una postura valiente e insólita, que contribuyó a un importante punto de inflexión, tanto en la historia de la República Francesa como en el destino de algunos judíos.

Sin embargo, para comprender las circunstancias particulares que rodearon el estallido de la tormenta en torno a Alfred Dreyfus, debemos fijarnos primero en tres fenómenos significativos que ilustran la pesada y viciada atmósfera antijudía de finales de siglo.

CAPÍTULO VIII

Racialización, democratización y emigración

Pero hay razas y razas. Hay razas naturales, determinadas por características físicas primarias, y hay razas constituidas, producto de la fusión de diversos elementos étnicos. Los prusianos –no los alemanes– pueden afirmar que pertenecen a la primera variedad. Nosotros pertenecemos a la segunda.

Jean Giraudoux, *Plenos poderes*, 1939.

El término «raza» existía cientos de años antes del descubrimiento de las razas en el lenguaje «científico» de finales del siglo XVIII y del XIX. La pureza de sangre también era una vieja historia –difundida, como hemos visto, en España en tiempos de la Inquisición–, pero la competencia capitalista que abonó e irrigó el universo ideológico de la primera mitad del siglo XIX llevó a la pila bautismal la teoría darwiniana de la lucha entre las especies y la selección natural.

Pronto, la realidad zoológica de la preservación de las razas dominantes se traspuso a otras esferas de la «ciencia», bajo la forma del darwinismo social, que veía en la guerra de todos contra todos, individuos y clases sociales, la reproducción del principio de la lucha de las especies en el mundo natural, que por lo tanto se aplicaba a toda la historia humana.

Al mismo tiempo, una rama más pervertida se dedicó a crear un nuevo lenguaje de diferencia y rivalidad entre grupos humanos, esta vez formulado en forma de «razas». En otras palabras, si el capitalismo económico y social ha patrocinado la formulación de las principales comparaciones zoológicas, los logros de la zoología se utilizarán inmediatamente a cam-

67

bio para catalogar y caracterizar los grupos humanos «naturales» y la lucha entre ellos.

A principios del siglo xix se publicaron varios textos sobre las razas humanas que pasaron más bien inadvertidos. Sin embargo, uno de estos escritos, *Ensayo sobre la desigualdad de las razas humanas*, de Arthur, conde de Gobineau, publicado en 1854, destacó entre la multitud. El autor no era en realidad conde ni erudito, pero dio muestras de cierta originalidad; el libro, escrito en un estilo accesible y atractivo, mezcla de prejuicios y fórmulas científicas, fue inmediatamente muy leído... en Alemania.

Las tres razas que aparecen en el libro, blanca, amarilla y negra, no son del todo puras, lo que lamenta el autor, pero sin embargo existe una clara jerarquía entre ellas, y no son de la misma calidad, ni del mismo nivel intelectual. La sangre constituye el principal factor de diferencia entre las razas. La raza blanca es bella, inteligente y fuerte; los arios son sus representantes más distinguidos. Los negros, en cambio, tienen un nivel intelectual inferior, y los amarillos son ligeramente superiores. También hay varias «subrazas», con una gradación preferencial, según criterios elegidos en función de los gustos «aristocráticos» del autor.

Gobineau era un materialista biológico y racista, y no especialmente antijudío. Según él, en la época de la Biblia, los descendientes de Abraham constituían una raza pura, pero por desgracia se habían mezclado demasiado con poblaciones inferiores y de piel oscura, de ahí su peculiar aspecto hasta nuestros días. Sería mejor no absorberlos en la raza europea, que, por otra parte, ya no es absolutamente pura y corre el peligro de caer en la decadencia.

En 1855, el mismo año en que apareció el segundo libro de Gobineau, el joven Ernest Renan publicó también *Historia general y sistemas comparados de las lenguas semíticas*. Renan, filólogo prudente y serio, rechazaba las diferenciaciones biológicas formuladas por Gobineau, pero ahora se había introducido un elemento jerárquico esencialista entre las lenguas semíticas y las indoeuropeas; la inferioridad de las lenguas semíticas, en ciertos aspectos, con respecto a las lenguas europeas resultaba así evidente para los lectores de Renan. Estaba claro que la nueva zoología se perfilaba detrás de la filología científica, y la empujaba también a refrendar la superioridad del hombre blanco.

Renan no era antijudío: más tarde utilizaría toda su fuerza intelectual para oponerse a las ideas preconcebidas que equiparaban a los judíos con una raza, e intervendría políticamente para proteger a los judíos de Europa Oriental. Sin embargo, su anterior ensayo filológico contribuyó a establecer, en ciertos círculos académicos, los supuestos básicos sobre la existencia de las razas humanas. Aunque más tarde se arrepintiera, Renan desempeñó sin duda un papel importante en el auge de las ideologías raciales entre las elites intelectuales.

La «trivialización de la raza» alcanzó su punto álgido a mediados del siglo XIX. La existencia de razas pasó a formar parte de la lengua común universal, a menudo de forma involuntaria: de los eruditos a las masas incultas, de los políticos a los abogados. En cierto modo, el racismo se daba por sentado, en calidad de *dóxa* tanto «científica» como «popular», y así siguió siendo al menos hasta el final de la Segunda Guerra Mundial.

De hecho, fue tras la derrota del nazismo cuando empezó a quebrarse el otrora discurso hegemónico sobre la raza, pero no hay que subestimar su contribución a la exclusión de los judíos de la ciudad e, indirectamente, a la preparación de las grandes persecuciones, aunque solo fuera por la indiferencia ante su destino.

Pese a todo, ¡no está de más un toque de relativismo! Mientras que en Alemania la banalización de la racialización formaba casi parte del código habitual de cualquier debate de salón sobre la unidad de la nación, en Francia el empleo de la palabra «raza» en la ideología nacionalista desencadenó una especie de inusual temblor «subterráneo».

La derrota de Francia en la guerra de 1870 y la anexión de Alsacia-Lorena al Reich alemán crearon una incómoda fractura en cualquier intento sistémico de racializar al pueblo «galo». Todo nacionalista francés que se preciara reivindicaría las provincias francesas anexionadas, pero era imposible hacerlo sobre una base «racial», dado el origen «etno-lingüístico» de los alsacianos. Por lo tanto, el «patriota» francés en cuestión solo podía invocar la base religiosa tradicional o el derecho a la autodeterminación democrática. Más allá de la larga herencia política jacobina, esta es la razón por la que resulta imposible vincular coherentemente el nacionalismo francés con la idea de una raza estable y continua.

A diferencia de Alemania, en Francia se seguirá racializando a los judíos, al tiempo que se racializa menos al pueblo francés. Los clubes de Gobineau aparecieron en Alemania, no en Francia. Vacher de Lapouge, el antropólogo que celebró el culto a la raza aria, sería marginado en la tierra de los galos, mientras que recibiría grandes elogios en los Estados Unidos de América y en Alemania.

MASAS Y ELECCIONES

Así pues, la teoría racista tuvo menos éxito en Francia, pero no ocurrió lo mismo con el antijudaísmo político, que hacia finales del siglo xix aumentó en proporciones similares, e incluso superiores, a las de Alemania. El proceso de democratización que vivía entonces Europa Occidental fue uno de los factores que trivializaron el discurso antijudío en círculos tanto de izquierda como de derecha. El sufragio universal directo, obtenido en particular bajo la presión del «Cuarto Estado», condujo a la formación de partidos políticos de masas y, en consecuencia, al desarrollo de la propaganda electoral. Se ha demostrado que un medio eficaz de movilizar a las masas consiste en crear, de forma permanente, enemigos más o menos imaginarios. El enemigo puede ser el inglés y, por supuesto, el alemán; también puede ser un enemigo de clase o, en las colonias, el salvaje indígena que practica la decapitación.

También puede ser el judío que domina el mundo gracias a su creciente dominio del capital.

La exaltación política contra los judíos apareció bastante temprano. La derecha católica desempeñó un papel pionero, con su tradicional hostilidad hacia los asesinos de Jesucristo; los partidos de centro y de izquierda también se vieron arrastrados, como parte de la dura competencia por ganarse el favor del electorado. Los escándalos financieros alimentaron el imaginario popular, sostenido por una prensa aficionada a demonizar sistemáticamente a diversas personalidades, en particular a judíos. Varias figuras de origen judío se encontraron en la encrucijada de la acción pública y la banca privada, lo que les valió numerosos artículos de prensa incriminatorios y caricaturas venenosas.

Un periodista alemán, Wilhelm Marr, publicó en 1879 *La victoria del judaísmo sobre el germanismo*, que se convertiría en un éxito de ventas. Con Marr, el término «antisemitismo», que en realidad no inventó, se convirtió en algo aceptable y habitual, y ese mismo año fundó la primera «Liga Antisemita». En su libro y en sus artículos afirma que entre los alemanes y la raza semita existe una permanente y encarnizada lucha que debe terminar con la expulsión de los judíos de Alemania y su regreso a Palestina; ¡no hay otra salida!

La palabra «antisemitismo» de Marr se extendió por la prensa y la literatura popular, inicialmente con una connotación positiva de oposición al poder judío, antes de quedar pronto grabada en el léxico de todo el mundo occidental como definición del odio a los judíos. Se reforzó así la imagen del judío como «semita extranjero», incluso entre quienes no sentían ninguna hostilidad hacia ellos.

En 1889, un periodista llamado Édouard Drumont fundó la Ligue Nationale Antisémite de France. El término «antisemita», que encarnaba y reforzaba la dimensión esencialista y extranjera de la presencia judía, fue muy bien recibido en Francia. Tres años antes, en 1886, Drumont había publicado *La Francia judía*, que tuvo un enorme éxito, hasta el punto de alcanzar la mayor tirada de finales del siglo XIX para un libro. Pronto le siguieron imitaciones menos populares: *La Argelia judía*, *La Rusia judía*, *La Austria judía*, seguidas poco después por *La Inglaterra judía*.

En todos estos escritos, y en otros más, se entrelazaban la judeofobia religiosa tradicional, el antijudaísmo socioeconómico y las nuevas elucubraciones biologizantes pseudocientíficas. Ahora estaba bastante claro: los deicidas ancestrales, que se habían convertido en parásitos de la economía moderna, pertenecen a una extraña raza extranjera, originaria de las costas de Asia Menor, y que, con astucia, se ha infiltrado en las venas del cuerpo cristiano blanco.

Emigración y racismo

La inmigración fue el tercer fenómeno característico de las tres últimas décadas del siglo XIX que contribuyó a crear un clima de odio a los judíos entre las masas. Las transformaciones económicas salpicadas de graves crisis, el rápido crecimiento demográfico y la mejora de los medios de transporte provocaron importantes movimientos de población. La mayor parte de la emigración se produjo de este a oeste, desde las llanuras rusas, pero también desde Italia, el sur de Europa, o incluso China y el Sudeste Asiático hasta las Américas.

Una parte importante del pueblo yiddish emigró en masa del Imperio ruso a Occidente: casi 2,5 millones de judíos llegaron a Estados Unidos entre 1870 y 1924, año en que se cerraron las puertas del país tras la adopción de una ley racista contra inmigrantes no deseados. Anteriormente, el paso y los intentos de asentamiento de migrantes en los países de Europa Central y Occidental habían dado lugar a un importante recrudecimiento de la hostilidad hacia el «judío errante».

A lo largo del siglo XIX, la mayoría de los judíos del Imperio ruso estuvieron confinados en la «zona de residencia» (Ucrania, Polonia, Bielorrusia y Lituania), en unas condiciones económicas deterioradas e inestables. Sumaban casi 4,5 millones, agrupados en aldeas y pueblos, que vivían, en su mayoría, de la venta ambulante, la artesanía y el pequeño comercio (en estas regiones, los judíos representaban hasta una décima parte de la población total, que también estaba sometida a condiciones de vida insoportables). A diferencia de Europa Central y Occidental, los judíos de Europa Oriental habían conservado una lengua y una cultura específicas, que los diferenciaban de sus vecinos no judíos. Desde mediados de siglo, habían desarrollado una literatura y una forma de pensar expresamente laicas, rompiendo con la religión. La formación del primer proletariado en ciertas regiones daría lugar más tarde a un socialismo típicamente yiddish.

La emigración hacia el oeste, a partir de la década de 1870, iba a aumentar como consecuencia de una oleada de pogromos que comenzó en 1881 y duró casi treinta años. La inestabilidad económica, las prédicas del clero cristiano ortodoxo, las provocaciones deliberadas de las autoridades zaristas y el auge del nacionalismo local crearon un ambiente tenso contra la presencia del pueblo yiddish «extranjero» y engendraron este gran «éxodo». Cientos de miles de familias judías corrieron al otro lado de Europa en busca de una vida mejor y más segura. En la década de 1880, los inmigrantes judíos se agolpaban en los barrios pobres de Berlín, París y Londres.

La mayoría de ellos aún formaban parte de una tradición religiosa; su forma de vestir, sus costumbres y dialecto provocaron todo tipo de reacciones negativas hacia ellos. Hay que recordar, sin embargo, que la oleada de inmigración no fue exclusivamente judía: en el sur de Francia y en América también fue italiana y dio lugar a violentos enfrentamientos. En cuanto a los judíos, sin embargo, el rechazo cotidiano del extranjero y del «diferente» se entrelazaba tanto con la tradición cristiana laica como con la avalancha de teorías racistas procedentes de «arriba».

La propaganda xenófoba se extendió también entre la derecha tradicional, los liberales centristas y la izquierda radical. La prensa judeofóbica destacaba el origen extranjero de los inmigrantes de Europa del Este y pedía que fueran expulsados de Alemania, Francia y, en realidad, de toda Europa. Como consecuencia, un gran número de inmigrantes se vieron obligados a continuar su «vía crucis» hacia el continente americano, sobre todo a Estados Unidos y, a partir de 1924, a Argentina.

La mayoría de quienes permanecieron en el Viejo Continente fueron posteriormente deportados y exterminados por los nazis.

CAPÍTULO IX

El caso Dreyfus y el nacimiento del sionismo

> Es un crimen envenenar a los pequeños y a los humildes, exasperar las pasiones de la reacción y la intolerancia, amparándose en el odioso antisemitismo del que la gran Francia liberal de los derechos humanos morirá si no se cura.
>
> Émile Zola, «¡Yo acuso…!», 1898.

En 1890, Bernard Lazare –poeta simbolista y joven anarquista de origen judío antes mencionado– escribió que no había que confundir la raza luso-judía con la germano-judía: la primera es una noble raza semítica, la segunda una repulsiva raza de hunos. Los israelitas portugueses son esbeltos y agraciados, mientras que los judíos asquenazíes son pequeños y feos: «Cuando tomas [al judío] de las clases bajas, en Polonia, Rusia, Galitzia, entre los guetos de Alemania, te encuentras en presencia de un ser inmundo, repugnante, de aspecto baboso y repulsivo, que habla un idioma extraño, un dialecto judeo-alemán».

El discípulo de Proudhon y Bakunin afirmaba con rotundidad que los israelitas franceses no tenían ningún interés en los invasores extranjeros de Oriente, salvo intervenir de manera activa para que Francia les cerrara sus puertas. Los antisemitas podían incluso tener razón si hacían una distinción entre estas dos razas diferentes y, de este modo, los judíos portugueses podían unirse al naciente campo antisemita.

Así era el Bernard Lazare de principios de la década de 1890, un israelita de origen evidentemente «portugués», dispuesto a odiar solo a algunos judíos, y no a sí mismo. Sin

75

embargo, como los judeófobos no le respondían y seguían generalizando sobre todos los judíos, decidió implicarse y exponer las razones del odio ancestral. En 1894 publicó *El antisemitismo, su historia y sus causas*, la primera obra de investigación exhaustiva sobre la historia del odio a los judíos.

Más allá de algunas generalidades vulgares, este libro fascinante contiene muchas ideas interesantes y originales. Bernard Lazare llega a la conclusión de que, si bien el «antisemitismo» es universal y siempre ha existido, sus orígenes se encuentran en los propios judíos. Son responsables del odio que han suscitado, porque siempre han sido «asociales» y se han encerrado en sí mismos. Sus rabinos y sus rígidas leyes los han aislado del resto de la humanidad. Los judíos también son orgullosos y se consideran un pueblo superior y elegido. Se creen exiliados de su tierra santa y siempre han querido conservar sus rasgos de carácter particulares. Puede que no sean una raza, pero son un pueblo extranjero.

La espontaneidad anarquista de Bernard Lazare no lo dejaba descansar y lo animaba a progresar de forma constante. A pesar del trasfondo judeofóbico de su imaginario, en cuanto se dio cuenta de que el capitán Dreyfus había sido acusado injustamente, fue el primero en movilizarse en su favor, y dedicó todo su tiempo y energía a alertar a la opinión pública del error judicial. Al principio se le unieron algunos intelectuales opuestos a las exaltaciones de la prensa de derechas y a arrodillarse ante el nacionalismo y el militarismo. Las distintas fracciones de la izquierda se mantuvieron al margen; más tarde se dividirían entre partidarios consecuentes de Dreyfus y fervorosos anti-Dreyfus. La escisión afectó a cada bando, independientemente del grado de radicalismo o del temple político de quienes se movilizaron a favor o en contra del militar acusado.

La experiencia de esta lucha, primero contra todo el mundo y luego contra el auge de la judeofobia entre los intelectuales y políticos de derechas, cambió por completo la postura de Bernard Lazare hacia los judíos, y pronto se convirtió en un ferviente sionista.

Este término había sido adoptado por otro testigo de la humillación pública infligida a Dreyfus. Se trataba de Theodor Herzl, periodista vienés de temperamento liberal-conservador; hacía tiempo que se había distanciado de su origen judío y, en un momento dado, se vio incluso como nacionalista alemán. Evidentemente, no necesitó venir a París para descubrir la hostilidad hacia los judíos y, a partir de ahí, pensar en la idea sionista. La judeofobia lo afectaba desde hacía tiempo. En Viena, donde vivía y trabajaba, el odio a los «semitas» alcanzó su apogeo en la década de 1890 y, en 1897, un populista notoriamente demagogo y antijudío fue elegido alcalde de la capital austriaca.

Sin embargo, para Herzl y muchos otros eruditos judíos de Europa Oriental, Viena no era París. París era la encarnación y el símbolo histórico del progreso y la Ilustración, y ahora, en este lugar elevado que se suponía presagiaba el futuro, irrumpía un odio irracional hacia los judíos, al igual que ocurría en las atrasadas ciudades de Europa del Este, que las mentes optimistas veían como los restos de un pasado que estaba llegando a su fin. ¿Era esto una señal de lo que el futuro deparaba a los judíos?

La filosofía del progreso lineal, tan apreciada por los liberales y demócratas occidentales, recibió un duro golpe con las manifestaciones callejeras parisinas, las campañas de prensa sin escrúpulos, la actitud hipócrita de las elites políticas y el cinismo de la cúpula militar. Dreyfus fue condenado a finales de 1894. En la ceremonia de su degradación, organizada unos días más tarde, estallaron varias veces gritos airados y de odio procedentes de una multitud desenfrenada: «¡Abajo los judíos!».

Al cabo de unos meses, Theodor Herzl se puso a escribir su breve ensayo revolucionario *El Estado judío*. La idea había sido formulada por primera vez en un texto titulado *El discurso a los Rothschild*, pero es poco probable que Herzl conociera la idea pionera de Charles Fourier; sin embargo, más tarde admitió que había concebido su idea de la soberanía de los judíos sobre sí mismos mientras los ecos de las óperas de Wagner resonaban en su cabeza.

Así, el primer caso Dreyfus terminó con el nacimiento de un nuevo movimiento nacional.

REACCIONES JUDÍAS AL SIONISMO

«¡Yo acuso…!», de Émile Zola, se publicó a principios de 1898, tres años después del juicio: el segundo caso Dreyfus había comenzado efectivamente. Fue un punto de inflexión que vio nacer el campo favorable a Dreyfus y condujo a la revisión del proceso y a la liberación del capitán acusado de manera injusta. Si Zola hubiera publicado su decisivo artículo a principios de 1895, el sionismo podría haber aparecido más tarde, y con toda probabilidad en otro lugar.

En efecto, aunque el sionismo nació en París, los judíos de Francia, Inglaterra y Alemania no se unieron a él. Y, a decir verdad, los judíos del vasto pueblo yiddish del Imperio ruso permanecieron, al principio, más bien indiferentes, escépticos, cuando no abrumadoramente hostiles. Hasta la Segunda Guerra Mundial, el movimiento sionista, fundado por Herzl y al que se unió por un breve periodo Bernard Lazare, había sido ultraminoritario. Por ejemplo, cuando Herzl quiso celebrar el primer Congreso Sionista en Múnich en 1897, 78 (de 80) de los principales rabinos del Reich firmaron una petición para obligarle a trasladar el congreso a la pequeña ciudad suiza de Basilea. Quinientas comunidades judías del Imperio austrohúngaro enviaron una declaración al emperador pidiéndole que prohibiera el movimiento sionista.

Los grandes rabinos jasídicos, como los demás grandes rabinos de los judíos de Europa Oriental, se oponían al sionismo por motivos religiosos: según el Talmud, está estrictamente prohibido emigrar de forma colectiva a la Tierra Prometida antes de la venida del Mesías. Dios dio y Dios quitó; solo Él puede devolverla. Incumplir esta norma se consideraba una profanación antijudía. Además, estas autoridades de la religión judía habían comprendido con toda claridad que el sionismo, es decir, el nacionalismo judío, equivalía de hecho a una asimilación colectiva a la modernidad, concebida para sortear las dificultades que habían surgido en los procesos de asimilación individual. (No es casualidad que las primeras ideas sionistas surgieran precisamente entre los puritanos y evangélicos anglosajones).

El gran partido Bund, creado exactamente en los mismos años que el movimiento sionista, y que propugnaba la autonomía judía laica y socialdemócrata, era profundamente antisionista. El anarquista Bernard Lazare se distanció del sionismo cuando se supo que Herzl había tomado la iniciativa de fundar un banco sionista para financiar la colonización de Palestina; y rompió toda relación con el fundador del movimiento nacional judío cuando se enteró de que Herzl había prometido al sultán otomano calmar a la opinión pública europea, indignada por la masacre de los armenios.

La gran masa de judíos, arrancados del Imperio ruso, también prefirió continuar su migración hacia el oeste, antes que establecerse en Palestina para crear un Estado judío. Como vimos anteriormente, hasta 1924 más de dos millones de judíos emigraron a Estados Unidos, frente a las pocas decenas de miles que llegaron a Oriente Próximo, algunos de los cuales, cansados de las duras condiciones de vida, dieron media vuelta. Solo después de que se cerraran las puertas estadounidenses comenzó a surgir de nuevo, a cuentagotas, una presencia más significativa en Palestina. En Alemania, el ascenso de Hitler al poder en 1933 estimuló la emigración a Palestina, sabiendo que la mayoría de los judíos no tenían otro lugar adonde ir; casi todos los países habían cerrado sus fronteras.

¿EMIGRAR A PALESTINA?

En 1917, cuando Gran Bretaña, guiada por sus propios intereses coloniales, decidió, en la famosa carta de Lord Balfour a Lord Rothschild, a menudo conocida como la Declaración

Balfour, reconocer un hogar nacional judío en Palestina, en esta había alrededor de 700.000 árabes y menos de 70.000 judíos, de los cuales la mitad al menos eran judíos ortodoxos antisionistas (había casi 250.000 judíos en Inglaterra en aquella época, a quienes hasta hoy no se les ha metido en la cabeza la idea de emigrar a Palestina).

Treinta años más tarde, en 1947, en vísperas de la creación del Estado de Israel, vivían en la Palestina del Mandato Británico 1,3 millones de árabes y 650.000 judíos. Al final de la guerra de 1948, que estalló porque los árabes se negaron a aceptar la resolución de la ONU por la que se establecía un Estado judío en su territorio, 750.000 de los habitantes originales de Palestina, es decir, más de la mitad de la población, se convirtieron en refugiados y no se les permitió regresar a sus hogares ni a sus tierras.

Tras la fundación del Estado de Israel, nuevas masas de inmigrantes judíos se integraron en él: principalmente los supervivientes del judeocidio nazi. El conflicto entre sionistas y árabes en Palestina y la descolonización de la década de 1950 provocaron reacciones hostiles contra los judíos en el mundo árabe. Esto generó nuevos flujos de inmigración de judíos que no tenían otro lugar adonde ir que Israel (la mayoría de los judíos argelinos, que eran ciudadanos franceses, optaron por establecerse en Francia).

No cabe duda de que, aparte del colonialismo británico, que puso al movimiento sionista en la escena diplomática internacional, fue la inmensa masacre nazi la que hizo posible en parte la materialización del proyecto sionista.

Por desgracia, el sionismo no consiguió salvar a los judíos de Europa, como había aspirado a hacer: el judeocidio permitió, sin embargo, que los judíos alcanzaran por primera vez la soberanía nacional sobre sí mismos.

CAPÍTULO X

El exterminio de la «raza judía»

> Los judíos siempre han sido un pueblo dotado de características propias de su raza; nunca han sido simplemente seguidores de una religión determinada [...]. En realidad, la religión de Moisés no es otra cosa que la preservación de la raza judía.
>
> Adolf Hitler, *Mi lucha*, 1925.

San Agustín, que en el siglo IV prohibió matar a los judíos pero permitió que fueran humillados, fue derrotado en el siglo XX. Al final de la antigua era mediterránea, y durante mil quinientos años de época europea, los judíos fueron odiados y perseguidos, e incluso víctimas de una violencia asesina en ocasiones, pero nunca se incluyó en el orden del día cristiano un programa de exterminio total.

De hecho, al principio, Hitler tampoco quería matar a los judíos; estaba decidido a deshacerse de ellos a toda costa; solo cuando se dio cuenta de que no tenía medios para expulsarlos de Europa decidió exterminarlos.

La obsesión antijudía de Hitler era «sincera» y no solo un medio maquiavélico de movilizar a las masas. Se trataba de algo muy superior a una obsesión personal, pues era ampliamente compartida en los círculos influidos por el Partido Nacionalsocialista. A otros grupos sociales y políticos les desagradaban los judíos, sin sentir por ello el impulso de verlos exterminados; pero, una vez informados de su destrucción sistemática, la consideraban una necesidad; obedecían la ley, las órdenes y exigencias de la patria. Otros, muchos de ellos, se mostraron indiferentes, creyendo que no era asunto suyo.

Esto no significa que los alemanes odiaran más a los judíos que polacos o ucranianos (cosa que no sabemos, ¡porque no hay forma de medir el odio!). Lo que resulta seguro, sin embargo, es que ni los polacos ni los ucranianos desarrollaron una máquina de exterminio sistemática basada en los logros tecnológicos del siglo xx.

EXTERMINIO DE MASAS

Antes de profundizar en los entresijos de este singular acontecimiento de la modernización, conviene señalar que cada exterminio de una población en el pasado ha sido específico (lo que, dicho sea de paso, podría decirse de cualquier acontecimiento histórico). El exterminio masivo no es nada nuevo en la historia. El proceso de colonización del continente americano llevado a cabo por los europeos provocó la eliminación de varios millones de habitantes «indígenas». En 1770, unos diez millones de nativos murieron en la frontera del subcontinente indio como consecuencia del cultivo del opio impuesto por la Compañía Inglesa de las Indias Orientales.

El colonialismo europeo también masacró posteriormente a gran número de personas. Por ejemplo, aún no sabemos el número exacto de africanos que fueron diezmados entre 1885 y 1908 en el Congo, entonces propiedad colonial del rey de los belgas: las estimaciones varían entre 6 y 10 millones de víctimas. En el Imperio otomano, la mitad de la población armenia –entre 1 millón y 1,5 millones de personas– fue asesinada. A principios de la década de 1930, más de 3 millones de ucranianos, en su mayoría niños, murieron de hambre durante las colectivizaciones, las mismas que costaron la vida de unos 10 millones de chinos entre 1958 y 1962. Entre 1975 y 1978, el régimen comunista de los Jemeres Rojos ejecutó a 1,5 millones de camboyanos. En 1994, 800.000 tutsis fueron asesinados en cien días en Ruanda.

Según cálculos conservadores, más de 100 millones de seres humanos fueron exterminados en el siglo XX, aparte de los muertos en combate. Durante la Segunda Guerra Mundial, los nazis asesinaron a unos 11 millones de personas en campos de exterminio y otros terrenos de matanza: la mitad de las víctimas eran judíos o descendientes de judíos; los demás, alemanes con enfermedades mentales, católicos polacos, prisioneros de guerra soviéticos, romaníes y sinti, homosexuales, combatientes de la resistencia y opositores políticos. Un aparato estatal moderno y eficiente controló y llevó a cabo estas masacres masivas; una ideología nacional específica preparó y guio esta cruel empresa.

El nacionalismo etnobiológico alemán se racializó, al igual que había racializado todo lo que lo rodeaba; produjo el sustrato ideológico en el que germinó el concepto de esencia superior, que veía al otro, al no alemán, como una criatura de rango inferior, cuya vida tenía menos valor. En aquella época, muchos europeos se consideraban superiores a los «súbditos» de las colonias, «negros» o «amarillos», mientras que los alemanes, prácticamente privados de colonias, veían a sus vecinos, e incluso a algunos de los residentes en Alemania, como pertenecientes a una especie diferente: los eslavos eran infrahumanos, y los judíos, «semitas», no eran humanos, sino microbios. La deshumanización de las poblaciones de todo el mundo colonizado en el siglo XIX se trasladó a suelo europeo y condujo, a partir de 1941, a una guerra total que hizo posible la matanza industrial de millones de seres humanos en la Europa «judeocristiana».

Es imposible imaginar la empresa nazi de exterminio al margen de las matanzas masivas de la Primera Guerra Mundial: esta gran masacre endureció el estado de ánimo de quienes habían vivido largo tiempo en las trincheras y, en cierto modo, legitimó la crueldad desenfrenada de la siguiente guerra. Los nazis, que planearon el exterminio de los judíos y de otras víctimas, habían participado en esta primera guerra total, y para los dirigentes del partido, los jefes de las SA, las SS y la

Gestapo, los veinte años transcurridos entre las dos guerras fueron como una breve tregua entre las batallas del apocalipsis. A lo largo del siglo xix, los judíos habían sido percibidos como la encarnación concreta del capitalismo devastador, al servicio de la banca internacional, pero tras la Revolución de Octubre serán vistos también como los secuaces del bolchevismo. En Alemania, la presencia de numerosos socialistas de origen judío en la lucha contra el nacionalismo y el militarismo volvió a despertar el viejo imaginario judeofóbico. El «judeo-bolchevismo» se convertiría en la amenaza suprema para la nación aria germánica; este anatema, que convertía a los judíos en los vendedores ambulantes de la revolución mundial, pronto fue esgrimido por la extrema derecha francesa. Una parte importante de las clases medias europeas consideraba a los «judeo-bolcheviques» traidores antipatriotas cuyo único objetivo era desestabilizar el orden burgués y vender la patria en beneficio de la dominación judía cosmopolita.

Los judíos se habían liberado de los guetos en el siglo xviii y principios del xix, pero los nazis decidieron encerrarlos en nuevos guetos, sobre todo en Polonia y Lituania, antes de formalizar la idea de su exterminio. Era urgente aislarlos del resto de la población, impedir cualquier muestra de compasión o solidaridad con ellos; tenían que aparecer como un implante de todo punto extraño, miserable, hambriento y sufriente. De los guetos fueron trasladados a los campos de concentración, llevados luego a las cámaras de gas y, finalmente, a los crematorios. Sin embargo, Hitler no consiguió eliminar a los judíos de Europa, sino que se vio «obligado» a enterrar los huesos de la mayoría de ellos en el suelo de su amado continente.

Vichy y los judíos

Los nazis no construyeron guetos ni campos de exterminio en Francia, Holanda, Bélgica u otras regiones ocupadas de Europa Occidental, sino «solo» campos de detención más o menos temporales. Obligaban a los judíos a llevar una estrella amarilla y suprimían sus derechos civiles, antes de transportarlos finalmente hacia el este, a los campos de exterminio. Los subordinados regímenes afines, creados con ayuda nazi, también colaboraron con el ocupante en la cuestión judía. Algunos franceses desaprobaron la participación del régimen de Vichy, bajo tutela alemana, en la deportación de ciudadanos franceses de origen judío (los israelitas); al tratarse de judíos inmigrados a Francia desde comienzos del siglo xx y que, por lo tanto, no habían nacido franceses, el resentimientos era menos marcado. Un gran número de judíos «venidos del Este» fueron exterminados durante la guerra, sin que aquello levantase protestas.

El régimen de Vichy, conservador y reaccionario, a pesar de su pretensión de ser una «revolución nacional», en consonancia con el espíritu de la época, no era ni revolucionario ni fascista. No se basaba en un partido único ni tenía, como en Italia, un líder vehemente a la cabeza. No hizo ningún intento serio de fundar una sociedad totalitaria en Francia. El nombre de «República Francesa» fue sustituido por el de «Estado francés», mientras que *La Marsellesa* se mantuvo como himno nacional, junto con la bandera tricolor: dos de los principales símbolos legados por la gran Revolución; quizá como recordatorio de que Francia no necesitaba otra revolución nacional en el siglo xx.

Al mismo tiempo, y a diferencia del de Mussolini, el régimen de Vichy era auténticamente judeofóbico, deseoso de ajustarse en la medida de lo posible a las normas raciales del régimen nazi alemán. En 1940, todos los judíos fueron excluidos de la función pública, del ejército, la enseñanza, la radio, el teatro y el cine. Los judíos que aún no tenían la nacionalidad francesa fueron internados en campos antes de ser enviados de vuelta al este. Cuando, en 1942, los alemanes exigieron que se mandaran contingentes de judíos a campos de trabajo en Alemania el jefe del gobierno, Pierre Laval, por iniciativa propia y sin vacilar, incluyó a los niños. La mayoría de los bienes pertenecientes a los judíos fueron saqueados, ante la indiferencia de los franceses.

Sin embargo, no debe concluirse que, bajo la ocupación alemana o en el régimen de Vichy, la mayoría de franceses apreciara la propaganda racista antijudía orquestada por el poder. No todos eran como el escritor Louis-Ferdinand Céline, que bajo Vichy se entusiasmaba con el retorno de la racialización de los judíos y creía que la historia avanzaba, por fin, en el buen camino. Para muchos franceses, la xenofobia radical antijudía era una importación extranjera. Así lo ilustra el grafiti pintado en una pared de Clermont-Ferrand en aquella época: «Boches, bas les pattes de nos sales juifs» («Alemanes, quitad las manazas de nuestros sucios judíos»). También sabemos que monárquicos, miembros de Action Française, junto con otros antijudíos de derechas, motivados por un nacionalismo hostil a la ocupación alemana, se unieron a la Resistencia, a veces incluso junto a los comunistas.

De los deportados a los campos, pocos regresaron. Francia los acogió, no siempre rápidamente, y les devolvió sus bienes. Sin embargo, al igual que Inglaterra, Holanda, Estados Unidos y otros países, Francia se negó a recibir a los miles de judíos deportados de Europa del Este, que se vieron privados de un hogar y reducidos a vagar por todo el continente. Invocando el estancamiento económico, nadie se sintió responsable de su situación, y por fin se vieron obligados a emigrar al Estado de Israel, el único dispuesto y feliz de acogerlos.

La ruptura temporal entre Francia y sus judíos durante el periodo de Vichy no llevó a estos últimos a abandonar el país después de la guerra. Pocos judíos franceses preferían la mitológica tierra santa a su patria francesa; aunque esta los hubiera traicionado «un poco», optaron por seguir siendo franceses.

CAPÍTULO XI

¿El renacimiento de la «raza judía»?

Muchos judíos sionistas no me parecen más que antisemitas al revés.

George Orwell, *Antisemitismo en Gran Bretaña*, 1945.

En *Los cuadernos negros*, título del diario que empezó a escribir en la década de 1930, cuando se afilió al Partido Nacionalsocialista, el filósofo Martin Heidegger anotó: «Los judíos
viven desde hace mucho tiempo según el principio racial
[...]». El filósofo de la Universidad de Friburgo era un judeofóbico banal... y filosófico, al mismo tiempo. Sus escritos están salpicados de vulgares prejuicios contra los judíos, mezcla-
dos con elevadas reflexiones «metafísicas», pero no biológicas.

Aunque durante su época nacionalsocialista creía que «la
historia de cada pueblo es el instrumento mediante el cual
puede volver a sus raíces y revelar la autenticidad de su existencia», Heidegger no había estudiado mucha historia y, obviamente, nunca se cuestionó quién racializó a los judíos y
por qué.

Al principio de este libro, planteé la hipótesis de que la
racialización de los judíos se debió, en un principio, al cristianismo; solo más tarde, al no tener otra opción, la religión judía mediterránea se «encerró» en sí misma; muchos de sus
seguidores la abandonaron, y quienes permanecieron fieles a
ella resolvieron aislarse, practicando su fe a pesar de los ultra-
jes y las persecuciones. Con el advenimiento de la emancipación en la era moderna, los judíos de Europa se sintieron
atraídos por las culturas nacionales y quisieron mezclarse en
ellas con toda su fuerza mental e intelectual. La nueva judeo-

fobia, tanto de derechas como de izquierdas, atenuó un poco su entusiasmo, pero no lo hizo desaparecer.

En contra de lo que pudiera haber dicho Heidegger, la mayoría de los judíos se negaron de manera explícita a definirse como una raza, pero muchos sionistas expresaron un punto de vista de todo punto distinto: el discurso judeofóbico de la tradición cristiana secular les sirvió de postulado inicial para formular la invención de un pueblo judío.

Cuando eran jóvenes, la mayoría de los pensadores y líderes sionistas querían pertenecer a Europa. Se identificaban por completo con las ideas de nación que se estaban formando en los distintos países en los que deseaban integrarse, pero el odio a los judíos los llevó, en un momento decisivo de su evolución intelectual, a buscar una nueva identidad.

¿En qué se basaría esta identidad? ¿En la Biblia? ¿En la fe? La mayoría de ellos eran ateos acérrimos, que sabían perfectamente que los hombres hacen la historia, y que no se espera que Dios la haga por ellos. Sin embargo, tenían un hueso en la garganta: «aparte» de la religión, que estaba en decadencia, y de la hostilidad hacia ellos, los judíos no tenían nada más en común. No poseían materiales laicos con los que forjar una nacionalidad. Los judíos de todo el mundo no tenían en común ni elementos de una cultura popular, ni dialectos pertenecientes a la misma lengua, ni ninguna historia compartida en un mismo territorio. Así que no había otra opción: debían encontrar un denominador general que lo abarcara todo.

Los fundadores del sionismo y «el origen»

Concentrémonos por un momento en los principales textos del sionismo y en sus autores. Theodor Herzl presentó la idea sionista en forma de manifiesto en 1897, pero no fue su único inventor. Varias personalidades judías la habían preconizado individualmente, proponiendo la autodeterminación nacional como posible respuesta a la creciente judeofobia. El pensador judío-alemán Moses Hess podría considerarse el primer pensador sionista importante.

Nacido en Bonn, la figura de Hess también puede verse como una de las precursoras del comunismo en Alemania. Desde el principio colaboró con Marx y Engels para difundir las nuevas ideas de igualdad, y durante mucho tiempo se consideró un revolucionario cosmopolita, totalmente indiferente a su origen judío.

En algún momento, como Heinrich Heine antes que él, desmoralizado por la pesada atmósfera política antijudía que reinaba en Alemania tras la revolución de 1848, se trasladó a París. Comenzó a interesarse por obras de antropología física, cada vez más popular en aquella época, y al mismo tiempo se sintió fascinado por el auge del nacionalismo en Italia.

El alemán en el exilio llegó muy pronto a la pesimista conclusión de que el odio a los judíos nunca amainaría. Aunque es verdad que las luchas de clases siempre han existido en la historia, como formularon impecablemente Marx y Engels en el *Manifiesto del Partido Comunista*, lo cierto es que las luchas entre razas han demostrado ser más importantes y significativas.

En 1862, Hess publicó su célebre *Roma y Jerusalén. La última cuestión nacional*, en el que exponía su nueva visión. Los judíos siempre han constituido una entidad diferenciada. El origen de la raza judía se remonta al antiguo Egipto: en las tumbas de los faraones, ciertas representaciones de los constructores de las pirámides muestran figuras que guardan un sorprendente parecido con los judíos modernos. En su opinión, no es la Biblia la que ha preservado a los judíos como judíos, sino el hecho de pertenecer a la raza: «La raza judía es una raza pura que ha reproducido todas sus características, a pesar de las diversas influencias climáticas. El tipo judío ha permanecido invariable a lo largo de los siglos».

La solución al sufrimiento de esta raza es la inmigración a Palestina, su tierra de origen. Solo la independencia nacional traerá el progreso a esta raza semita y restaurará su honor perdido. Mientras esperamos este retorno a la patria histórica, debemos apoyarnos en la religión que preserva la identidad judía; únicamente entonces será posible desprenderse de ella.

El libro de Moses Hess no dio lugar a un movimiento político y apenas generó respuesta: era prematuro; la judeofobia aún no se había traducido en movimientos políticos que atrajeran a grandes multitudes, y el concepto de «sionismo» tampoco existía.

La autoemancipación de Leon Pinsker, publicado en Alemania en 1882, tampoco utiliza el término «sionismo», pero presenta la reivindicación de una soberanía de los judíos sobre sí mismos, basada en la idea de la existencia de una raza-pueblo errante que había venido de Tierra Santa.

El judío ruso Pinsker afirma, entre otras cosas, que los judíos sufren mucho más que las tribus negras de África porque son plenamente conscientes de que proceden de una raza prestigiosa. Insiste en que los judíos seguirán sufriendo mientras no recuerden a los arios sus orígenes semitas; ¿qué otro pueblo, si no el judío, podría presumir de «un pasado histórico, una raza común pura de toda mezcla y una vitalidad ininterrumpida»?

Sin embargo, Leon Pinsker se mostraba menos biologizante, aunque no menos esencialista, que Moses Hess; sus escritos no incluyen la palabra «sionismo», que apareció ocho años más tarde. El término fue acuñado en 1890 por Nathan Birnbaum. En aquella época, «Sión» era sinónimo de Jerusalén, y Birnbaum, natural de Viena, pertenecía a un grupo protonacionalista llamado «El amor de Sión».

Birnbaum, igual que Hess y a diferencia de Pinsker, ponía el acento en la biología, no dudando en afirmar: «Solo las ciencias naturales pueden explicar la especificidad intelectual y emocional de un pueblo determinado […], la especificidad del pueblo se encuentra en la de la raza. Las diferencias de raza están en el origen de la multiplicidad de variedades nacionales».

Según Birnbaum, Houston Stewart Chamberlain, el famoso racista inglés, tenía razón en sus suposiciones generales sobre la raza, pero se equivocaba cuando calificaba a los judíos de «pueblo bastardo»; los judíos no se habían casado con otros, por lo que seguían siendo puros y, por supuesto, parte integrante de la raza blanca.

Herzl, que había conocido a Birnbaum y lo había nombrado secretario del comité ejecutivo en el Primer Congreso Sionista, tomó prestado de él el término «Sión», pero dudaba sobre la raza. La palabra «raza» aparece en *El Estado judío*, e incluso en algunos de sus otros escritos, pero sin connotaciones biológicas o esencialistas. Ciertamente, consideraba a los pueblos de Europa superiores a las poblaciones bárbaras de las colonias, pero Gobineau, Chamberlain y otros ideólogos de la racialización no lo habían convencido.

Así, por ejemplo, cuando el escritor Israel Zangwill, conocido por su fealdad física, lo invitó una noche a cenar a Londres, Herzl escribió lo siguiente en su diario: «Insistió una y otra vez en el aspecto racial, que no puedo aceptar; basta con mirarnos a los dos. Todo lo que puedo decir es esto: somos una entidad histórica, una nación de diferentes componentes antropológicos. Eso basta para formar un Estado judío. Ninguna nación presenta una unidad de raza».

¿«Entidad histórica»? El concepto es nebuloso y poco convincente cuando se trata de las comunidades religiosas judías que se encuentran por todo el mundo, cuya cultura laica y destino histórico varían completamente de un lugar a otro. El punto de vista de Herzl atestigua que el liberalismo del visionario del «Estado judío» estaba teñido de cautela, tanto desde un punto de vista político como ideológico. Detestaba la judeofobia racista imperante, pero esto no lo convertía en un judeocentrista esencialista.

¿Estaba su posición flexible y abierta en consonancia con la organización mundial que había fundado? Algunos sionistas probablemente compartían su punto de vista, mientras que otros optaron por la «autorracialización» para justificar su itinerario político. A continuación se presentan algunas de las voces dominantes en el creciente campo racialista.

El ensayista Max Nordau, colaborador número uno de Herzl, fue el teórico más serio del nuevo movimiento. Al igual que Herzl, Nordau era un húngaro laico que había intentado durante mucho tiempo convertirse en alemán; para ello, renunció a su nombre, de resonancias judías: Simon Maximilian Südfeld. Cuando fracasaron sus esfuerzos de asimilación personal, extrajo una sencilla conclusión: no es posible cambiar de raza. La judeofobia no ha hecho otra cosa que despertar la conciencia de una raza existente. En su opinión, hay lazos de sangre entre todos los hijos de la familia de Israel, que es imposible romper, aunque quisiéramos. Es cierto que esta raza en el exilio había degenerado: se había debilitado y atrofiado físicamente, pero el regreso a la patria ancestral, trabajando la tierra y viviendo al aire libre, con una eficaz política deportiva, regeneraría su aspecto y su presencia.

Durante toda su vida adulta, Nordau estuvo obsesionado con la idea de decadencia. Veía la cultura y el arte modernos como síntomas agudos de enfermedad mental (incluida la homosexualidad bajo este epígrafe), que degradaba y debilitaba a Europa. Los judíos europeos forman parte de esta degeneración, que solo el sionismo podría curar, arrancándolos de Europa y rehabilitando su raza.

Ze'ev Jabotinsky fue otro destacado dirigente del movimiento sionista, perteneciente a una generación más joven. En 1903 ya era delegado (ruso) en el Sexto Congreso Sionista, que se reunió bajo la presidencia de Herzl, y más tarde se convirtió en el líder de la llamada ala derecha «revisionista» del movimiento sionista. Al igual que Herzl, era liberal en el plano político y, como Nordau, profesaba un nacionalismo racista. Ya en 1904 expresó sus convicciones de la siguiente manera:

> [...] Es evidente que el origen del sentimiento nacional no se encuentra en la educación del hombre, sino en algo que lo precede [...]. El sentimiento de identidad nacional reside en la

«sangre» del hombre, en su tipo físico y racial, y solo ahí [...]. Por eso no creemos en la asimilación espiritual. Es físicamente imposible que un judío, nacido de varias generaciones de padres de pura sangre judía, se adapte al estado de ánimo de un alemán o un francés, del mismo modo que es imposible que un negro deje de ser negro.

Según Jabotinsky, la raza era un concepto totalmente científico. Aunque no existía una raza pura, estaba convencido de que en el futuro sería posible definir la composición racial mediante análisis de sangre o muestras glandulares: así quedaría claro que había una raza italiana, una polaca, etc. Pero lanza una advertencia: sabiendo que la religión, que ha preservado el carácter específico judío, está en retirada, existe el riesgo de que la raza elegida desaparezca; su reagrupación en la Tierra Prometida constituirá, para ella, la garantía contra esta amenaza.

Aunque pudiera parecer que las concepciones racialistas y racistas estaban confinadas al «centro-derecha» del movimiento sionista, esta impresión debe corregirse. Figuras sionistas que se inclinaban mucho más a la izquierda compartían, sin embargo, las mismas ideas que Nordau y Jabotinsky.

Por ejemplo, el gran filósofo religioso Martin Buber, que se unió al movimiento sionista y dirigió su principal órgano de prensa, expresaba posiciones nacionalistas *völkisch*, y su acercamiento a la nacionalidad no habría disgustado a Fichte. Según Buber, un pueblo es ante todo una «comunidad de sangre», o incluso «la cadena biológica de generaciones ancestrales». Con gran seguridad, Martin Buber afirma que «la sangre es una fuerza que constituye nuestras raíces y nos da vida [...] las capas más profundas de nuestro ser están determinadas por ella».

Tras apoyar el militarismo alemán en la Primera Guerra Mundial, Buber se arrepintió y se convirtió en un pacifista consecuente, distanciándose gradualmente del misticismo pseudobiologicista que había caracterizado su enfoque del nacionalismo judío. Más tarde se unió en Jerusalén al pequeño grupo marginal Brit Shalom (Alianza por la Paz), que trabajaba por un compromiso sincero con los árabes palestinos, en el marco de un Estado binacional. El proyecto no alcanzó éxito alguno.

Arthur Ruppin, una de las figuras más importantes y curiosas de la historia del movimiento sionista, fue también, durante un breve periodo, miembro del Brit Shalom. Era a la vez un hombre de acción eficaz y un intelectual por excelencia: sociólogo universitario y especialista «científico» en razas. Desde el principio, quiso seguir los pasos de Max Nordau: aspirar, con todas sus fuerzas, a ser alemán. Cuando aún era estudiante en Alemania, escribió una disertación sobre eugenesia titulada «Darwinismo y ciencias sociales», que se convirtió en su tesis doctoral.

Tras emigrar a Jaffa en 1908, fue nombrado jefe de la «Oficina de Asentamientos Palestinos» de la organización sionista. Se convirtió así en el responsable de la adquisición de tierras árabes, destinadas a ser entregadas a los judíos; de ahí su notoriedad como «padre de la colonización sionista». También fue uno de los impulsores de la idea de los kibutz. En 1926, obtuvo el título de profesor en la Universidad Hebrea de Jerusalén, convirtiéndose en el primer sociólogo de la Palestina del Mandato.

En aquella época, la sociología aún no era la disciplina diferenciada en la que se convertiría más tarde: se podía introducir en ella casi cualquier cosa, siempre que se incluyeran datos estadísticos. Ya en 1914, quien habría de ser el primer «sociólogo» sionista había argumentado que, aunque debido a sus andanzas por el mundo los judíos no constituían una raza completamente pura, no era menos cierto que formaban un grupo hereditario, originario de Palestina. Los judíos son hijos de los hijos de los guerreros del rey David: el exilio y las duras pruebas que han tenido que afrontar para sobrevivir les han conferido unas cualidades mentales especiales que otros pueblos no tienen.

¿Han conservado todos los judíos estas cualidades? La respuesta de Ruppin es categórica: ¡en absoluto! Los judíos del Oriente árabe, como los árabes contemporáneos, valen menos que los judíos de Europa, y no es seguro que haya que animarlos a emigrar a Palestina (o solo con el fin de proporcionar mano de obra barata). Los «asquenazíes», en cambio, deberían apresurarse a emigrar de su país, no a causa de las persecuciones, sino por una simple razón: «Es cierto, en cualquier caso, que el carácter de la raza se pierde con los matrimonios mixtos, y que es poco probable que la descendencia de una unión mixta posea aptitudes notables». Y Arthur Ruppin añadió: «Creo que el sionismo es ahora menos justificable que nunca, salvo por el hecho de que los judíos pertenecen, por raza, a los pueblos de Oriente Próximo. En la actualidad estoy reuniendo material para un libro sobre los judíos, que se basará en el problema de la raza».

Este libro, titulado *La sociología de los judíos*, se publicó en 1930, en hebreo y alemán, en Tel-Aviv y Berlín. Reafirmó la tesis de la especificidad racial de los judíos y planteó la hipótesis de que, originalmente, los judíos de Canaán no eran semitas, sino indoeuropeos, que luego se mezclaron, se volvieron materialistas y corrieron el riesgo de degenerar. Ruppin tomó muchas fotografías de judíos y midió sus cráneos y narices, copiando y comparando huellas dactilares, todo ello para contribuir al elogio de la raza judía, sobre todo la asquenazí.

Pocos meses después de la llegada de Hitler al poder, Ruppin viajó a Alemania para reunirse con Hans Günther, autor en 1922 de un éxito de ventas: *La raciología del pueblo alemán*. En 1930, este mismo antropólogo publicó *La raciología del pueblo judío*, que tuvo menos eco entre el público. Günther se afilió al Partido Nacionalsocialista en 1932 y más tarde se convirtió en el «arquitecto» del exterminio de los gitanos. Con la ayuda del partido nazi, obtuvo un puesto en la Universidad de Jena, antes de ser nombrado profesor en la Universidad de Friburgo, donde enseñó junto a Heidegger. Fue reconocido como el principal teórico de la doctrina de la raza, lo que le valió el apodo de Rassengünther («Günther la raza») en los círculos del partido. En 1945 fue condenado a tres años de prisión y se le prohibió enseñar de manera definitiva en la universidad.

No se sabe de qué hablaron Ruppin y Günther. Este último ya había expresado anteriormente su gran estima por el sionismo, en particular por su intención de separar a los judíos de los no judíos. En sus publicaciones y correspondencia anteriores a su encuentro, Ruppin consideraba a Günther una autoridad en el campo de la antropología física y la eugenesia, y se deshacía en elogios hacia él.

Hay motivos para creer que los dos profesores intercambiaron opiniones sobre la política como biología aplicada y sobre las diferentes razas: ¡«los nórdicos», «los arios» y «los semitas» sin duda resonaron en la sala! Es de suponer que ambos interlocutores, por una parte, constataron sus puntos de encuentro, de acuerdo con el código de cortesía académica, y que llegaron a la conclusión, por otra, de que, si bien no todos los judíos resultan inferiores a los arios, son, en cualquier caso, totalmente diferentes de ellos.

Es evidente que Arthur Ruppin no se reunió con Heidegger para asegurarle que los judíos siempre se habían considerado una raza. Es dudoso que este último lo oyera de su maestro, Edmund Husserl, que se había convertido al cristianismo y no se identificaba como judío. También es probable que Hannah Arendt, la joven amante de Heidegger, antes de casarse más tarde con un no judío, distara de animar al filósofo a creer que los judíos se consideran a sí mismos una raza. Heidegger lo supo espontáneamente, sin ellos; igual que los antepasados de sus antepasados en la región de la Selva Negra odiaban a los judíos, sin haberse cruzado nunca con uno, ni siquiera una vez.

El profesor así lo creía, porque esa era la *dóxa* de todos sus colegas profesores alemanes durante las décadas de 1930 y 1940: una *dóxa* antijudía totalmente en sintonía con el espíritu de la época, una *dóxa* sobre cuya base se pensaba, pero sobre la que se era incapaz de arrojar una mirada crítica.

Así que el filósofo de Friburgo tenía toda la razón cuando dijo que, más que pensar a través de las palabras, son las palabras las que piensan a través de nosotros.

CAPÍTULO XII

¿Quién es judío?
De la huella dactilar al ADN

> A pesar de los profundos análisis genéticos hasta el nivel molecular más fundamental –¿y quizá por ello?–, la investigación no ha logrado descifrar formalmente el origen biológico común de los judíos.
>
> Raphael Falk, *El sionismo y la biología de los judíos*, 2006.

El paseante de hoy descubrirá los nombres de todos los líderes y pensadores sionistas mencionados hasta ahora en las paredes de las principales vías de las ciudades israelíes, con la excepción de Bernard Lazare, que se desvinculó de Herzl en cierto momento. Localidades, kibutz, colegios y escuelas que llevan sus nombres se han convertido en lugares de recuerdo. A pesar de la terrible lógica injertada en el corazón del judeocidio de la Segunda Guerra Mundial, no se ha expresado ninguna reserva seria sobre la participación de los padres del sionismo en la racialización de los judíos, ¡todo lo contrario! «Raza», el término maldito, sin duda ha desaparecido (generalmente sustituido por la palabra «ethnos», o «etnia»), pero la *dóxa*, suscrita por tantos sionistas, de que los judíos siempre han tenido un denominador biológico común, sigue prosperando en los elementos del lenguaje de la política de identidad en Israel.

La palabra «raza» aparece mucho menos en la izquierda sionista que en el centro y la derecha del movimiento, mientras que se acepta casi universalmente una concepción esencialista de los judíos. David Ben-Gurión, fundador del Estado de Israel en 1948, sabía a la perfección que los habitantes del Reino de Judea nunca se habían exiliado; y, con su amigo

Yitzhak Ben Zvi, futuro presidente del Estado, se expresó con claridad sobre este tema en 1918: «El origen de los *fellahs* no se remonta a los conquistadores árabes, que sometieron Eretz Yisra'el y Siria en el siglo VII de nuestra era. Los conquistadores no eliminaron a la población de trabajadores agrícolas que encontraron allí. Solo expulsaron a los soberanos bizantinos extranjeros; no perjudicaron a la población local».

Hay que recordar que, en el momento de redactar esas líneas, los judíos representaban menos del 10% de la población de Palestina. Los dos líderes sionistas estaban decididos a crear un Estado judío y estaban dispuestos a unir sus fuerzas a las de los numerosos indígenas, convencidos de que eran descendientes de los antiguos hebreos. La ausencia total de cualquier vínculo cultural o lingüístico entre los colonos y los nativos locales carecía de importancia, ya que era «bien sabido que existe una cercanía etnobiológica» profunda entre todos los judíos del mundo.

En 1948, después de que los autóctonos, totalmente ignorantes e inconscientes de su vínculo «étnico» con quienes habían venido a instalarse en sus tierras, se amotinaran en varias ocasiones (en 1921, 1929 y 1936), y cuando los colonos judíos representaban más de un tercio de la población del país, Ben-Gurión y Ben Zvi dejaron de lado su postura inicial y retomaron el mito cristiano-sionista de la expulsión del pueblo judío a principios de la era cristiana.

Ben-Gurión y Ben Zvi no eran los únicos que sabían que la gran mayoría de los indígenas eran probablemente descendientes de los antiguos habitantes del «pueblo de Israel»: Ber Borojov, un conocido teórico de la izquierda sionista, e Israel Belkind, uno de los primeros colonos sionistas que llegaron a Palestina, sostenían la misma opinión. Derecha e izquierda estaban unidas en esta visión etnocéntrica. Pero ¿cómo definir quién era judío sobre una base «étnica» y no cultural o lingüística? Los propios nazis, con toda su parafernalia doctrinaria racial «científica», no habían conseguido elaborar un retrato del judío basado en elementos físicos (la sangre, la forma de la cara, etc.), y al final tuvieron que recurrir a los registros civiles de las comunidades.

¿Acaso el sionismo, que afirmaba sin cesar que los judíos son un pueblo, e incluso un pueblo-raza, no disponía en última instancia tan solo de la religión como único criterio de registro burocrático y de identidad para definir quién es judío?

A pesar de ser completamente ateo, Ben-Gurión no tuvo otra opción, incluso antes de la creación del Estado de Israel, que prometer a la corriente política religiosa, pequeña y débil en aquel momento, que tendría el control total del estado civil en el futuro Estado. Así, desde 1948, y todavía hoy, el matrimonio civil no existe en Israel; un judío no puede casarse con una no judía, y el «riesgo de asimilación», real o imaginario, se ha reducido poco menos que a cero.

Sin embargo, todo esto no ha resuelto la difícil cuestión de quién es judío según la ley. En un momento dado, se planteó una propuesta a favor: es judío todo aquel que se reconoce a sí mismo como judío. Enseguida se descartó por irrealista en un país con un alto nivel de inmigración y un nivel de vida en rápido crecimiento. El temor a los matrimonios mixtos también pesó en la decisión. Tras una década de dilaciones, en último término se decidió formalmente mantener el principio religioso: un judío es «aquel que nace de madre judía y que no es seguidor de otra confesión religiosa ni se convierte».

La Ley del Retorno, que permite a un «judío» llegar a Israel y obtener de forma automática la ciudadanía, sigue basándose en este criterio religioso.

IDENTIFICAR A UN JUDÍO NO RELIGIOSO

Sin embargo, había muchos descontentos con el hecho de que el único criterio para definir quién era judío, sobre todo si no se trataba de una persona creyente, fuese una cláusula exclusivamente religiosa. Varios médicos y científicos sionistas se movilizaron, tanto antes como después de la creación del Estado, y se valieron de todo su peso «científico» para mostrar que los judíos tienen una especificidad biológica que los hace de todo punto diferentes de los pueblos en cuyo seno han vivido. Estos científicos partían de la premisa de que los judíos fueron exiliados y dispersados al principio de la era cristiana, y que todo lo que teníamos que hacer a partir de entonces era identificar y recopilar datos biológicos acordes con la historia que habíamos aprendido.

Al principio, intentaron aportar pruebas basadas en los síntomas de enfermedades hereditarias, es decir, centradas en patologías que se dan sobre todo en judíos. Efectivamente, algunas enfermedades cumplían este criterio, pero había una trampa: las enfermedades que estaban muy extendidas entre los judíos de Europa del Este (la enfermedad de Tay-Sachs, por ejemplo) no se correspondían con las mismas patologías conocidas entre los judíos marroquíes (como la atrofia cerebral y cerebelosa progresiva, por ejemplo). Las patologías hereditarias de los judíos iraquíes (como el favismo) diferían por entero de las encontradas entre los judíos alemanes. Las pruebas de la existencia de un pueblo-raza judío se derrumbaron, dejando a «la ciencia» sionista en la estacada.

A continuación, centraron su atención en las huellas dactilares; pero también en este caso fue forzoso conceder que la acumulación de huellas dactilares de los judíos y su comparación con las de los «gentiles» no producía resultados concluyentes. El intercambio de dinero, la usura, hojear de forma constante los libros del Talmud y, como consecuencia, no tener tiempo para trabajar en la agricultura: nada de todo esto había creado huellas dactilares específicas en los descendientes. No sabemos si en Israel se llevaron a cabo investigaciones sobre la forma del cráneo o la fisonomía, pero sí que se realizaron experimentos con glóbulos rojos para demostrar que el origen de los judíos estaba efectivamente en el lugar del que fueron exiliados hacía dos mil años.

De todos los investigadores que trabajaron para explicar la biología a través de la historia, y la historia a través de la biología, el profesor Chaim Sheba fue el más destacado; ocupó de modo sucesivo los cargos de primer oficial médico superior del ejército israelí, director general del Ministerio de Sanidad, director de un importante hospital que hoy lleva su nombre, y fundador del Departamento de Medicina de la Universidad de Tel Aviv, de la que también fue vicepresidente. En una conferencia, el célebre profesor dijo:

> Las cualidades transmitidas por herencia, cuando se examinan en el pueblo judío y en otros pueblos originarios de Asia Menor, constituyen un material formidable para investigar a dichos pueblos [...]. De este modo, tenemos una oportunidad excepcional de investigar estas cualidades entre todos los exiliados judíos que regresan a su patria. Estas comunidades exiliadas han estado aisladas unas de otras durante cientos de generaciones, por lo que comparar sus cualidades con las del resto de los descendientes de los exiliados, pero también con las de los pueblos entre quienes vivieron en un exilio prolongado, nos permite descubrir la diferencia, el «Tú nos has elegido», que es específica de los judíos.

Sheba quería confirmar las afirmaciones centrales de los pensadores y líderes sionistas: de Moses Hess a Arthur Ruppin, pasando por Max Nordau. Durante años, dedicó la mayor parte de sus actividades de investigación a adaptar pequeños datos biológicos a una gran narrativa nacional. Por ejemplo, si existe una diferencia entre las enfermedades hereditarias de los judíos kurdos y las de los judíos europeos, se explica por el hecho de que el cautiverio babilónico incumbió a familias enteras, mientras que el exilio en Roma solo afectó a los hombres judíos, que se casaron con mujeres extranjeras, todas ellas convertidas posteriormente, por supuesto... ¡de ahí la diferencia biológica! Cuando la investigación genética progresó a finales de la década de 1960, Sheba albergó la esperanza de que entonces se aclararían todos los datos bioquímicos. Expresó su amargura por el hecho de que el retraso de la investigación genética se debiera a la política: «Hitler y la doctrina alemana de la raza han llevado a la civilización humana a una forma de repugnancia hacia todo lo que tiene que ver con la teoría de la herencia [...]». Obviamente, Sheba consideró que era su deber corregir esta situación.

Se apresuró a encontrar un vínculo genético entre judíos de diversas comunidades y habitantes de Córcega y Cerdeña. Formuló la hipótesis de que allí había habido una fuerte presencia de descendientes de israelíes, y llegó a preguntarse si el nombre «Napoléon Bonaparte» no era una transformación del nombre hebreo «Ben Porat». Sabedor de que no había pruebas de ninguna emigración «judía» a estas dos islas, el profesor Sheba sugirió considerar a los fenicios, diseminados por todo el Mediterráneo, como judíos en potencia: según el investigador, practicaban la circuncisión y leían hebreo.

Sheba formó a muchos discípulos; una generación de genetistas israelíes, y luego de estadounidenses de origen judío, se sumergió en la investigación de la genética molecular. La profesora Batsheva Bonné-Tamir, de la Universidad de Tel Aviv, fue una de las figuras más destacadas de esta nueva generación. En un histórico artículo publicado en 1980, titulado «Una nueva mirada a la genética de los judíos», anunciaba con entusiasmo un importante punto de inflexión en este campo: «En la década de 1970, muchos trabajos nuevos [trataban] cuestiones como: ¿cuál es el origen del pueblo judío? ¿Existe una raza judía?».

INVENTAR UN GEN JUDÍO

Si desde 1945 hasta mediados de la década de 1970 se manifestaron resistencias contra la racialización explícita de los judíos, a partir de entonces desaparecieron por completo. Se publicaron artículos, libros enteros y tesis doctorales, por lo general en inglés, que demostraban enérgicamente la existencia de una raza judía. Los departamentos de genética de las universidades israelíes se pusieron manos a la obra, con el apoyo de genetistas de la Universidad Yeshiva de Nueva York.

El profesor Harry Ostrer se distinguió en especial con su libro *Legacy. A genetic history of the Jewish people (Legado. Una historia genética del pueblo judío)*. Las conclusiones del profesor Ostrer fueron perentorias: los judíos tienen un aspecto diferente al de los «gentiles» porque son un grupo homogéneo con todas las características de una raza. Como resultado de una historia marcada por la endogamia, los judíos han conservado una unidad genética desde que fueron exiliados de su patria. Es cierto que esta homogeneidad se vio socavada en cierta medida por la Inquisición española, pero al final el daño no fue considerable. Y lo que no es menos importante: la nueva genética demuestra que la mayoría de los judíos proceden de Oriente Próximo, más concretamente el 80% de los hombres y el 50% de las mujeres (que, por supuesto, se han convertido, según las normas).

En semejante ambiente de fiesta genética, no es de extrañar que, en 2016, Benjamín Netanyahu, jefe del Gobierno israelí, hiciera una declaración que causó revuelo en los medios de comunicación: en el Museo de la Diáspora, donde, previo pago, los visitantes pueden reconstruir su árbol genealógico, el hermano del primer ministro se sometió a una prueba de ADN que reveló que su ascendencia no era puramente judía lituana. Es cierto que descendía de Gaón de Vilna, una de las mayores autoridades jurídicas y espirituales del mundo judío asquenazí, pero su árbol genealógico también mostraba genes característicos de los judíos españoles. Netanyahu resumió así este importante hecho científico: «Eso significa que todos los judíos son hermanos, y creo que esta es una de las principales lecciones que estamos aprendiendo en esta institución, en este lugar. Vemos la familia del pueblo de Israel».

El profesor Chaim Sheba tenía razón al afirmar que la carga moral y política de la Segunda Guerra Mundial había perturbado durante mucho tiempo la investigación biológica. Con el paso de los años y el tiempo transcurrido desde la guerra, se eliminaron los últimos obstáculos y la «ciencia» pudo avanzar de nuevo. Los genetistas sionistas nunca dejaron de subrayar, en sus conclusiones, la proximidad del «ADN judío» en el mundo con el que caracteriza a las poblaciones de Oriente Próximo: de Armenia a Yemen, de Irán a Egipto. Ninguna investigación ha intentado comparar el ADN de los miles de supervivientes ancestrales encontrados en suelo israelí con el «ADN judío» mundial, para afinar y confirmar el grado de proximidad genética. Solo una investigación marginal ha intentado examinar la brecha genética entre los habitantes palestinos y los judíos del mundo, para constatar que las mutaciones del cromosoma Y son similares en ambas poblaciones. Sin embargo, los resultados se corrigieron rápidamente: los asquenazíes, a diferencia de los sefardíes, están más cerca de los galeses que de los árabes.

Un puñado de genetistas israelíes, como el profesor Raphael Falk y el doctor Eran Elhaik, intentarían pronto advertir, en vano, contra la racialización de los judíos mediante pseudodescubrimientos genéticos, cuya laxitud supuestamente científica persigue, en realidad, transmitir un poderoso deseo de reforzar la identidad etnonacional de los judíos, tanto en Israel como en el resto del mundo. Presenta todo ello un asombroso parecido con las investigaciones sobre antropología física a finales del siglo XIX, que tenían por objeto consolidar la identidad y la superioridad blancas en una época de dominio colonial omnipotente.

Al igual que la más que centenaria doctrina antijudía, la teoría de un gen judío a finales del siglo XX tropieza con un inquietante problema «científico»: el ADN no puede utilizarse para definir quién es judío y quién no.

CAPÍTULO XIII

La guerra de 1967
y «el derecho de los antepasados»

> Hemos regresado a nuestros lugares más sagrados, para no separarnos nunca más de ellos. A nuestros vecinos árabes, en este momento, y con mayor vigor en esta hora, les tendemos la mano de la paz.
>
> Moshé Dayán, 7 de junio de 1967.

Más allá de la lejanía de la Segunda Guerra Mundial, a partir de principios de la década de 1970 hubo otras razones, totalmente desconectadas de la investigación genética, para el advenimiento de la racialización de los judíos.

Tras la guerra de 1967, Israel se encontró en una posición de dominio sobre una numerosa población no judía, de la que es absolutamente incapaz de separarse por sus propios medios, debido en particular al mito del suelo de la antigua patria. Desde principios de la década de 1960, la población palestina, animada por una aguda conciencia nacional, representa, con los palestinos ciudadanos de Israel, cerca de la mitad de los habitantes que viven entre el mar y el Jordán. Frente a este pueblo autóctono, todos los «hombres de ciencia» israelíes, historiadores, arqueólogos, biólogos, etc., se han visto obligados a movilizarse aún en mayor medida para demostrar que los judíos de todo el mundo tienen un origen común y que forman una nación, exiliada hace dos mil años, cuyo derecho a «la Tierra de Israel» no puede, bajo ninguna circunstancia, discutirse.

En la década de 1950, por ejemplo, las escuelas secundarias israelíes todavía se referían al reino judío de Himyar, mientras que hoy en día ningún alumno conoce el nombre de este reino judío situado antaño al sur de la península Arábiga. Si, a principios de la década de 1960, el ministro israelí de Educación aún podía declarar que la mayoría de los judíos de Polonia, Ucrania y Lituania son descendientes del reino jázaro, hoy, sin que se haya llevado a cabo ninguna nueva investigación, se considera este reino judío una invención malintencionada, explotada por los enemigos de Israel. En cuanto al origen de los numerosos judíos de la España musulmana, la *dóxa* sionista sostiene que eran emigrantes que llegaron a tierras ibéricas antes de la era cristiana.

Desde la creación del Estado de Israel en 1948, el «exilio del pueblo judío» siempre ha sido un mito vivo y hegemónico, en torno al cual han comulgado los eruditos y las masas; pero desde 1967 cualquier intento de desviarse de este mito se ha considerado un sacrilegio en el mejor de los casos, o una marca de «antisemitismo» en el peor. A finales del siglo XIX, si un «gentil» afirmaba que los judíos eran una raza, se lo consideraba con razón sospechoso de odiar a los judíos, mientras que, a finales del siglo XX, cualquiera que sostenga que los judíos han estado presentes a lo largo de la historia como comunidades religiosas plurales, y no como pueblo-raza, solo puede ser un judeófobo empedernido.

Como sabemos, desde el principio, Israel se fundó como el Estado del «pueblo judío», no como el Estado de todos sus ciudadanos. Es cierto que a la minoría árabe se le concedieron derechos civiles y políticos, pero enseguida quedó claro para esta minoría que el Estado recién creado no era realmente suyo, y que no había ningún símbolo ni bandera con los que pudieran identificarse, o que pudieran incluirlos. Si un judío francés puede cantar *La Marsellesa* y sentirse parte de la nación francesa, y si un judío estadounidense puede cantar *The Star-Spangled Banner* y tener un sentimiento total de pertenencia a la nación estadounidense, este sentimiento cívico básico que es el canto del himno nacional no se le concede al palestino-israelí. El himno israelí, *Hatikvah (Esperanza)*, solo puede despertar emociones en los israelíes judíos (incluso sus cónyuges no judíos pueden sentirse incómodos cantando letras como «Mientras el alma judía vibre en lo profundo del corazón...»).

Las circunstancias particulares de finales de la década de 1940, con cientos de miles de judíos refugiados y sin patria, pueden haber justificado esta orientación excepcional y antidemocrática, pero la construcción, a lo largo de muchos años, de un pueblo israelí, que ha desarrollado su propia lengua y una cultura laica viva y original, debería haberle dado la suficiente confianza en sí mismo para salir de su confinamiento etnocéntrico y poder embarcarse en una simbiosis republicana abierta a todos los ciudadanos, independientemente de su origen.

«DERECHO DE NACIMIENTO»

La expansión territorial del Estado de Israel tras la guerra de 1967 y el control directo de una amplia población palestina bloquearon toda posibilidad de desarrollar un proceso de integración de este tipo. La colonización territorial, sobre una base exclusivamente judía, llevada a cabo en Israel de 1948 a 1967, se desplegó entonces en los territorios recién conquistados, lo que tuvo, entre otros efectos, el espectacular de contribuir a la constitución de una nación palestina por entero consciente de la negación de sus derechos fundamentales por la empresa sionista.

Los dirigentes del Estado de Israel han comprendido con toda claridad que no pueden seguir gobernando toda la Tierra de Israel, y dominando a una población privada de todos los derechos cívicos y políticos, tan solo sobre la base de la fuerza y el peso demográfico de un pequeño pueblo israelí, a pesar de su omnipotencia militar. Esta es la razón por la que las comunidades judías de todo el mundo han sido llamadas, mucho más que en el pasado, a movilizar todo su poder de seducción proisraelí en las antesalas de los gobiernos y las redes de comunicación occidentales.

Mucho más que en el pasado, el objetivo principal del sionismo ya no es permitir al mayor número posible de judíos vivir bajo su propia soberanía, para escapar al odio histórico que los amenaza; ahora se trata de convertirlos en partidarios de la política israelí y, en particular, de su aspiración irrefrenada de ampliar su territorio.

El mito del pueblo-raza ha demostrado ser el cemento más eficaz para identificar el destino de los judíos del mundo con el destino del Estado de Israel: a partir de ahora, el mayor esfuerzo ideológico debe consistir en reforzar los lazos afectivos entre los judíos e Israel.

La creación del proyecto *Taglit (Descubrimiento)* constituye un buen ejemplo para comprender la nueva atmósfera cultural del sionismo. *Birthright Israel* es el nombre en inglés de este proyecto, cuyo objetivo reside en educar a la gente sobre el «derecho ancestral» o «derecho de nacimiento» de todos los judíos a Israel. Iniciado por Yossi Beilin, sionista de izquierdas y antiguo viceministro de Asuntos Exteriores, el proyecto comenzó en 1999, financiado por el gobierno israelí, la Agencia Judía y los principales donantes judíos de todo el mundo. El objetivo declarado era estrechar los lazos entre las generaciones más jóvenes de la «diáspora judía» y el Estado de Israel. Para ello, se invita a jóvenes judíos a una breve visita a Israel, ofrecida por los organizadores del proyecto. Entre 2000 y 2019, 650.000 jóvenes de 66 países (el 80% de ellos de Estados Unidos) han venido a Israel.

La mayoría eran estudiantes, que conocieron a otros estudiantes, oficiales y soldados seleccionados en Israel. El programa incluía una excursión a la Ciudad Vieja de Jerusalén, el Muro de las Lamentaciones, el Museo del Holocausto Yad Vashem, Masada y el Museo de la Diáspora en Tel Aviv (donde podían hacerse una prueba de ADN judío) y, por supuesto, bases militares y kibutz. Hasta 2017, el programa también incluía encuentros con ciudadanos árabes, que luego se cancelaron.

Además de reforzar la solidaridad y la identificación con Israel, *Birthright* se ha fijado el difícil objetivo de combatir la asimilación. Una encuesta realizada por el Centro Cohen para el Estudio del Judaísmo Moderno de la Universidad Brandeis reveló que la probabilidad de matrimonio entre judíos que han participado en el proyecto es un 51% mayor que la de los judíos que no han efectuado este viaje de «arraigo».

En otras palabras, junto con otras actividades identitarias similares, este proyecto contribuyó directamente a prolongar la existencia del «pueblo judío».

EL AMOR COMO AMENAZA

Al sionismo siempre lo ha perseguido un temor profundo e indisimulado a los matrimonios interreligiosos. Ya hemos visto que en Israel, desde la creación del Estado, la amenaza se ha conjurado imposibilitando el matrimonio civil, pero el peligro persiste en el resto del mundo. En la década de 1970, por ejemplo, Golda Meir, entonces jefa de gobierno, proclamó que un judío que se casara con una no judía se sumaba a los seis millones de muertos en el Holocausto: en su imaginación desbocada, hacer realidad el amor entre dos jóvenes equivalía a entrar en las cámaras de gas.

El peligro de asimilación aumentó a principios del siglo XXI. La tasa de matrimonios entre descendientes de judíos y no judíos ha alcanzado el 60% en Estados Unidos y Canadá, y el 45% en Francia y Gran Bretaña, por lo que el gran temor a que el «pueblo-raza judío» comience a desaparecer sacude la conciencia nacional de muchos sionistas.

También hay que recordar que el 80% de los judíos rusos (el 75% de los judíos de la antigua URSS) están casados con no judíos, un hecho que causó mucha tensión en Israel cuando algunos de ellos emigraron en la década de 1990. (Quienes tienen la suerte de nacer de madre judía son registrados como judíos por el Ministerio del Interior, mientras que los nacidos de padre o abuelo judío, alrededor de medio millón, son registrados como no judíos).

La «asimilación» de los judíos a los pueblos en los que vivían comenzó con la emancipación. Esto supuso una integración cultural secular, que también fue acompañada de matrimonios intercomunitarios. La judeofobia aguda del siglo xix frenó un poco este proceso, y la Europa asesina de la primera mitad del siglo xx no facilitó obviamente la asimilación.

Sin embargo, las uniones entre descendientes de judíos y no judíos han aumentado de modo considerable a finales del siglo xx y en el siglo xxi; mientras que ya no existen lugares en el mundo donde se impida emigrar a quienes se identifican como judíos, en Israel la llegada de inmigrantes es cada vez más negativa. En el momento en que se escriben estas líneas, más de 8 millones de personas consideradas judías viven fuera de Israel, y a ellos se han unido más de un millón de israelíes que han abandonado su país (actualmente 6,5 millones de personas residentes en Israel están registradas como judías).

¿Cuáles son las razones de esta situación demográfica y cultural, que no se corresponde con la visión sionista? ¿Se ha visto afectada por algo la aspiración de los judíos a tener un lugar propio en un Estado judío? ¿Su identidad como «pueblo-raza» extranjero ha sido alguna vez tan estable como han pensado sus detractores? Por último, ¿ha evolucionado la judeofobia de una manera o de otra?

CAPÍTULO XIV
¿Está disminuyendo la judeofobia?

> La Iglesia cree que Cristo, nuestra paz, reconcilió con
> su cruz a judíos y gentiles, y en sí mismo hizo de los dos
> una sola cosa.
>
> *Nostra Ætate*, Concilio Vaticano II, 1965.

La judeofobia es un fenómeno histórico: habiendo surgido en el pasado, habiendo evolucionado a lo largo de los años, podemos esperar que retroceda y quizá, siendo optimistas, que acabe desapareciendo. Antes de intentar abordar la espinosa cuestión de la situación de la judeofobia en la actualidad, merece la pena añadir unas palabras sobre el odio a los judíos en contextos que no se han mencionado mucho hasta ahora.

El nacimiento de la judeofobia en la cuenca mediterránea y su presencia en el continente europeo hasta la época moderna se han tratado aquí a grandes rasgos; la URSS y Estados Unidos se han mencionado de modo apresurado, aunque la evolución del odio a los judíos y su regresión en estas dos zonas podría ayudarnos a ver con un poco más de claridad la naturaleza y el estado actual de esta fobia.

La representación del judío en la historia de la Iglesia ortodoxa griega no era fundamentalmente diferente de los avatares de la imagen judía en la historia de la Iglesia católica y, luego, del protestantismo. La Iglesia eslava continuó la misma tradición de hostilidad, que en Rusia estaba arraigada en la nobleza, la intelectualidad y el campesinado. La presencia del pueblo *yiddish* en la vasta zona de asentamiento que incluía Polonia y Lituania aumentó las fricciones entre las poblaciones cristiana y judía, así como la judeofobia popular. El régimen zarista nunca puso en el orden del día la igualdad de derechos para los judíos, y esta solo se consiguió con la Revolución de 1917.

Una vez en el poder, los bolcheviques dudaron durante mucho tiempo sobre si, además de los derechos cívicos y políticos, también debían concederse a los judíos derechos nacionales. En la década de 1920, Anatoli Lunacharski, comisario de Educación, propuso la creación de una República Soviética Judía en la península de Crimea. Esta propuesta no fue aceptada, y más tarde se propuso conceder al pueblo *yiddish* autonomía lingüística y cultural en la remota región oriental de Birobiyán, lo que también habría permitido reprimir la cultura *yiddish* en las demás repúblicas soviéticas.

La versión generalizada de la persecución de los judíos en tiempos de Stalin es uno de los productos propagandísticos de la Guerra Fría. Puede que Stalin no estuviera libre de prejuicios hacia los judíos, pero es de todo punto imposible comparar su régimen con el de Hitler, Pétain o los regímenes de Europa del Este durante la Segunda Guerra Mundial. En su relación con los judíos, Stalin se parecía a Robespierre en muchos aspectos: obviamente se oponía a la religión judía, pero veía a la Iglesia cristiana ortodoxa como un adversario mucho más importante.

Las ideas totalitarias de Stalin y sus duras y crueles relaciones con los oponentes políticos, y también con sus adversarios supuestos o reales, nunca se tradujeron en una persecución sistemática de los judíos. Es cierto que, durante un breve periodo, explotó la hostilidad popular contra los judíos para perjudicar a sus adversarios, y hacia el final de su vida estuvo sujeto a un delirio paranoico, cuyo impacto sintieron los judíos, pero no solo ellos; en última instancia, sin embargo, puede decirse que el régimen autoritario estalinista hizo mucho por frenar el odio secular hacia los judíos y promovió, a menudo bajo coacción, la integración de los nacionales *yiddish* en la cultura y la política soviéticas.

No olvidemos que muchos judíos no solo figuraban entre los pioneros de la Revolución, sino también, posteriormente, entre los dignatarios del régimen soviético del terror: Guénrij Yagoda, por ejemplo, fue uno de los estalinistas más leales, lo que lo llevó a convertirse en uno de los dirigentes de la *Cheká* (la policía secreta) en la década de 1920, antes de ser nombrado jefe del NKVD a mediados del decenio siguiente (fue él quien mandó ejecutar a Zinóviev y a Kámenev, dos de los principales dirigentes bolcheviques, también de origen judío). Lázar Kaganóvich era muy cercano a Stalin, de quien fue ministro, además de miembro del buró político del partido gobernante. Fue secretario del Partido Comunista de Ucrania durante el periodo conocido como «colectivización», por lo que se lo puede considerar uno de los principales responsables de la muerte por inanición de millones de ucranianos a principios de la década de 1930. Lázar Kogan, Matvéi Berman e Israel Pliner, los tres jefes sucesivos del Gulag de 1930 a 1938, nacieron en familias judías.

No hubo ningún ministro o jefe de la policía secreta de origen judío bajo Hitler, ni bajo Pétain. Durante el periodo comunista en la URSS, la población *yiddish se* mezcló con otros pueblos, y en particular con la cultura rusa. En 1991, cuando cayó el régimen, el 80% de los judíos ya estaban casados con no judíos, y casi todos habían abandonado toda práctica religiosa. Esta asimilación intercomunitaria es una señal importante, pero no la única, del retroceso de la judeofobia tradicional.

La emigración a Israel en las décadas de 1980 y 1990, antes y después de la desintegración del régimen soviético, no fue el resultado de la presión pública antijudía ni de las aspiraciones nacionales sionistas, como algunos han afirmado. Fue esencialmente una emigración económica. Muchos de los descendientes de quienes no habían logrado trasladarse a Occidente a principios del siglo xx prefirieron, a finales de ese siglo, desplazarse a un mundo económico más prometedor y estable, con un nivel de vida más alto. Gran parte de estos emigrantes, mediante una estrategia sofisticada y manipuladora, acabaron en Israel.

A finales del siglo xix y principios del xx, los migrantes *yiddish* no abandonaron el Imperio ruso únicamente por motivos económicos: sus condiciones de vida en la zona de asentamiento eran insoportables, y aún más inciertas por la inseguridad económica. Sin embargo, no eran los únicos en apuros. Los campesinos cristianos, que también vivían al borde de la pobreza, expresaban una ira creciente, que las autoridades zaristas trataban de desviar y canalizar contra los judíos, utilizando propaganda judeófoba e incluso incitando de modo abierto a la perpetración de pogromos. El asesinato del zar Alejandro II en 1881 sirvió de pretexto para organizar ataques contra las comunidades judías, especialmente en Ucrania. Desde entonces hasta 1903, año del pogromo de Kishinev y de la publicación de *Los protocolos de los sabios de Sión* (un venenoso panfleto contra los judíos redactado por la policía secreta del zar), se multiplicaron las prédicas destinadas a expulsar de Rusia a los asesinos de Cristo.

Como sabemos, al menos entre 2 millones y 2,5 millones de judíos abandonaron el Imperio ruso para intentar llegar al continente americano, principalmente a Norteamérica, donde no eran los únicos que querían desembarcar: italianos, polacos, irlandeses, chinos y otros asiáticos también llegaron en tropel, pero «el fin de la conquista del Oeste» significó el comienzo de las presiones para frenar el flujo inmigratorio, unas presiones que seguirían creciendo después de la Primera Guerra Mundial.

Las barreras a la inmigración fueron precedidas por una incisiva propaganda racista abiertamente judeofóbica. Los estereotipos antijudíos siempre habían prevalecido en Estados Unidos, como en todas las sociedades en las que el cristianismo había desempeñado un papel fundador. Sin embargo, es difícil calibrar con precisión si la hostilidad hacia los judíos de Europa del Este superó a la que sentían hacia los católicos italianos; por otra parte, es seguro que la judeofobia nunca fue tan acentuada como el nivel de rechazo que encontraron los japoneses y los chinos.

El pluralismo cultural de la sociedad estadounidense ha suavizado la judeofobia organizada y ha impedido la aparición de partidos políticos con un discurso explícitamente antijudío, como hemos visto en Europa. Por supuesto, el Ku Klux Klan y otras organizaciones afines han estigmatizado a los judíos como hijos de Satán, mientras que, al mismo tiempo, famosos judeofóbicos como el magnate industrial Henry Ford o Walt Disney nunca han sido condenados al ostracismo en la cultura estadounidense; el odio y el miedo a los «negros» siempre han sido más acentuados.

Y no olvidemos que la sociedad estadounidense se construyó sobre un genocidio; a diferencia de Sudamérica, la colonización tuvo un aspecto de «limpieza étnica» desde el principio, y hubo muy pocos matrimonios con «nativos». El comercio y empleo masivo de esclavos africanos no hizo sino reforzar el sentimiento de superioridad de la «raza» blanca, mientras que la racialización de los no blancos fue un criterio central en la formación de la identidad estadounidense, al menos hasta la década de 1960. Los judíos tuvieron la suerte de ser percibidos como blancos, y algunos cristianos «misericordiosos» incluso los acogieron.

Sea como fuere, y al igual que la sociedad soviética, la sociedad estadounidense del siglo xx, al menos a partir de los años veinte, no fue antijudía; la judeofobia incluso disminuyó significativamente en ambas sociedades, en las que aumentó el número de matrimonios intercomunitarios.

Más allá de la fuerte simpatía hacia el Estado de Israel por parte de la mayoría del público judío estadounidense, el nivel de vida en Estados Unidos y la ausencia de una verdadera judeofobia han contribuido notablemente a la ausencia casi total de una corriente de emigración judía hacia el Estado-nación del «pueblo judío».

El declive de la judeofobia es bastante notable en Europa, pero esta tendencia no empezó en la década de 1920, ni siquiera justo después de la Segunda Guerra Mundial. En las dos décadas posteriores a 1945, todavía había mucha gente en Francia, Países Bajos, Bélgica y otros Estados ocupados durante la Segunda Guerra Mundial por Alemania que habían colaborado con los asesinos, sobre todo entre las clases altas. El judeocidio, relegado a los márgenes de la conciencia, aún no había encontrado un lugar en los monumentos oficiales de Europa.

Un ejemplo de ello puede verse en *Noche y niebla*, la película de culto de Alain Resnais en memoria de los deportados de los campos de concentración: los judíos solo se mencionan en dos ocasiones marginales, y el censor hizo borrar las imágenes que mostraban a un gendarme con un quepis en un campo de concentración en Francia. Hasta mediada la década de 1970, los libros de historia eran muy discretos sobre la magnitud de los crímenes antijudíos y el papel de los colaboracionistas.

Por supuesto, desde el final de la Segunda Guerra Mundial ya no se oyen, en el ámbito público, reflexiones, bromas o alusiones tras las que surja el antijudaísmo; pero ¿quién puede estar seguro de que, en las discusiones familiares y en conversaciones de salón a puerta cerrada, los «Rothschild» o (¡no confundir!) los «judeo-bolcheviques» no siguen siendo a veces objeto de mofas y burlas, o de insultos que antaño se consideraban perfectamente legítimos?

A mediados de la década de 1960 comenzó a producirse un cambio significativo en dos frentes: el retroceso de la religión católica, y del cristianismo en general, en Europa, que vino acompañado de un cambio en sus principios, y la aparición en el debate público de una nueva generación, no implicada en las «convulsiones» de la Segunda Guerra Mundial.

El papa Juan XXIII, profundamente arrepentido por la pasividad de la Iglesia ante el genocidio nazi, decidió con valentía sacudir y desafiar la pesada indiferencia del cristianismo hacia los judíos. En 1959, ordenó suprimir de la oración del Viernes Santo la expresión *perfidis Judaeis*, que se prestaba a una doble interpretación: «judíos sin fe» o «judíos en quienes no se puede confiar».

En el Concilio Vaticano II, celebrado de 1962 a 1965, se redactó la declaración sobre «Las relaciones de la Iglesia católica con las religiones no cristianas», conocida como *Nostra Ætate*. El párrafo 4 sobre los judíos estipula que no se los debe considerar responsables de la muerte de Jesús ni presentar como rechazados y malditos. Jesucristo, de hecho, unió a judíos y «gentiles» bajo la cruz. Así, después de casi dos mil años, cristianos y judíos dejaron de ser, al menos sobre el papel, dos comunidades antagónicas.

Estas decisiones calaron en el corazón de muchos creyentes, reduciendo, en gran medida, el antijudaísmo tradicional que persistía sobre todo en la derecha católica. Para los cristianos de más edad, este cambio no fue fácil de aceptar, mientras que las generaciones más jóvenes se adaptaron rápidamente a él.

Al mismo tiempo, muchos jóvenes, en busca de cambios significativos en sus vidas, estaban menos interesados en el cristianismo. A partir de mediados de la década de 1960, una ola radical recorrió los campus universitarios de los países occidentales. De Berlín a Berkeley, de Ciudad de México a Roma, cientos de miles de jóvenes se vieron arrastrados por el movimiento, que alteró profundamente las actitudes de toda una generación; la vergonzosa judeofobia de sus padres ya no se transmitía como un legado normal.

Entre noviembre de 1967, cuando Charles de Gaulle, presidente de la República Francesa, se tomó la libertad de describir a los judíos como «[...] un pueblo de elite, seguro de sí mismo y dominante», y el eslogan lanzado por decenas de miles de jóvenes manifestantes en mayo de 1968: «Todos somos judíos alemanes» (en señal de solidaridad con Daniel Cohn-Bendit), se había abierto una brecha generacional en relación con la presencia judía.

La mofa y el desprecio tuvieron que retirarse del escenario público y refugiarse en conversaciones íntimas, en cementerios y mediante la inscripción furtiva de esvásticas al amparo de la espesa oscuridad nocturna.

Algo extraño está ocurriendo: vivimos en un mundo en el que, con la posible excepción de Europa del Este y de ciertos países árabes, ningún político que busque el voto del electorado, ningún presentador de televisión preocupado por su popularidad, ningún periodista ansioso por conservar a sus lectores, se atreverá a hacer el menor comentario antijudío. Y si lo hacen, ¡que se despidan de su carrera pública! Pese a ello, en todos los grandes medios de comunicación se oye con frecuencia un grito de alarma sobre el «antisemitismo» rampante.

Equiparar la judeofobia pública de antaño con el antijudaísmo de hoy no solo distorsiona completamente la historia, sino que también comete una injusticia con las víctimas del pasado y difumina la auténtica memoria del sufrimiento padecido durante generaciones.

CAPÍTULO XV

Antisionismo, ¿el nuevo «antisemitismo»?

> Antes, un «antisemita» era alguien que odiaba a los judíos; hoy, un «antisemita» es alguien a quien los judíos detestan.
>
> Broma israelí de nuestro siglo.

Siento cierta inquietud al terminar de escribir este ensayo. Aunque soy de la opinión de que la judeofobia secular ha retrocedido claramente en las sociedades occidentales, me resulta difícil concluir su historia con un *happy end.*

En los últimos cincuenta años ha ocurrido (y sigue ocurriendo) algo que no podemos ignorar ni pasar por alto: cuanto más disminuye la judeofobia clásica y la racialización de los judíos se vuelve rara y marginal, más aumentan las críticas y la hostilidad hacia el Estado de Israel y sus representantes.

Aunque la creación del Estado de Israel en 1948 afectó gravemente a la población local, la comunidad internacional (los Estados occidentales, la URSS y sus aliados de Europa Oriental, en particular) reconoció de forma mayoritaria (con la excepción del mundo árabe) el hecho consumado. La ONU adoptó una resolución explícita sobre el derecho de los refugiados palestinos a regresar a sus hogares, que Israel se negó a aplicar, sin que se le impusiera sanción alguna. El mundo aceptó esta nueva realidad y refrendó los resultados de la guerra. Este era el Estado de los supervivientes del judeocidio, hacia quienes el mundo, y Europa en particular, tenía mala conciencia.

Desde 1967, Israel impone su ley en regiones pobladas por palestinos, estableciendo en ellas asentamientos reservados exclusivamente a judíos (el 10% de los ciudadanos israelíes viven

121

allí). Los palestinos que viven en estas regiones se ven privados de derechos civiles y políticos, y del derecho a la autodeterminación nacional. Esta situación, en principio temporal,
ha transformado a Israel en un Estado en el que, al menos en
una parte, existe un régimen de apartheid desde hace más de
cincuenta años.

Medio siglo ya no es una situación temporal, sino una realidad estable, con la que la mayoría de la población judía israelí se siente bastante cómoda (siempre que no se desarrolle
el terrorismo). Los descendientes de los oprimidos y perseguidos de ayer se han acostumbrado rápidamente a estar del
lado del opresor y perseguidor.

Ante esta situación, los países árabes han adoptado en general una actitud cínica e hipócrita. Las quejas sobre la trage-
dia palestina casi nunca han ido acompañadas de actos serios
de solidaridad real y duradera. En la última década, el islamis-
mo radical asesino tampoco ha mostrado una solidaridad real
con el sufrimiento palestino.

Por otra parte, en el mundo occidental, las izquierdas, mo-
deradas o radicales, con la ayuda de asociaciones de defensa
de los derechos humanos, han desarrollado en los últimos
años un discurso crítico que se ha ido acentuando a medida
que se iba consolidando la situación de una especie de apartheid y se han frustrado todos los intentos diplomáticos de
evacuar los territorios ocupados por Israel.

Israel tiene el poder de lograr la paz, pero todos sus gobiernos sucesivos, incluido el dirigido por Isaac Rabin, se han
negado sistemáticamente a desmantelar todos los asentamientos y volver a las fronteras de 1967.

La mayoría de los defensores de Israel afirman que quienes
protestan contra sus políticas no se guían por motivaciones
morales, sino más bien por segundas intenciones «antisemitas». Al fin y al cabo, dicen, muchos Estados se comportan de
forma más brutal con sus pueblos que Israel con los palestinos
y, sin embargo, hay pocas protestas, si es que se oye alguna,
contra ellos.

Sin embargo, a diferencia de los Estados autoritarios y las dictaduras, Israel está considerado, y se considera, una democracia liberal, que no desprecia los derechos humanos de quienes viven bajo su control directo. Después de 1948, el apoyo a Israel se ha justificado por el liberalismo y el pluralismo que practica y predica, aunque esto siempre haya sido problemático. Esta imagen positiva se ha visto considerablemente dañada desde 1967. La opresión de un pueblo sometido a ocupación ha suscitado una revuelta violenta, como ocurre en cualquier lucha de liberación nacional, y luego, en contrapartida, el terrorismo desencadena una represión aún más brutal, y así de forma sucesiva. Esta situación recuerda de modo sorprendente a la era pasada del colonialismo «clásico».

Como ejemplo de doble rasero: cuando, en 2014, Rusia se anexionó arbitraria y de manera unilateral la península de Crimea, concedió la igualdad civil a los habitantes, mayoritariamente de habla rusa (que, en apariencia, aceptaron la anexión); esto no disuadió a Estados Unidos y a la Unión Europea de imponer sanciones económicas a Rusia. Israel no hace ninguna oferta de igualdad civil a los palestinos y, al mismo tiempo, se niega a reconocer su derecho a la autodeterminación, lo que no ha impedido que los países occidentales se muestren extraordinariamente indulgentes ante esa postura.

La oposición a la situación actual y el consiguiente llamamiento al boicot y a las sanciones hasta que Israel evacue los territorios ocupados y vuelva a las fronteras de 1967 ¿debe contemplarse como la expresión de una nueva judeofobia? ¿Debe considerarse odio a los judíos un punto de vista que desee ver a Israel, dentro de las fronteras de 1967, como una república de todos los ciudadanos israelíes, sin distinción de religión, sexo u origen? ¿Expresa odio a los judíos un punto de vista que rechaza el concepto de Israel como un Estado propiedad exclusiva de los judíos del mundo, que han elegido deliberadamente no vivir allí?

¿Era «antisemita» el rabino de Lubávich, quien a finales del siglo XIX se opuso con todas sus fuerzas a Theodor Herzl y al movimiento sionista? ¿Era «antisemita» Marek Edelman, miembro del Bund y uno de los líderes del gueto de Varsovia, totalmente opuesto al asentamiento en Palestina? ¿Son «antisemitas» las comunidades de judíos ortodoxos de Nueva York y Jerusalén que se oponen al sionismo porque lo consideran un ataque a la esencia misma de la fe judía? Del mismo modo, ¿son antijudíos intelectuales de origen judío, pasados y presentes, como Stéphane Hessel, Eric Hobsbawm, Maxime Rodinson, Harold Pinter, Pierre Vidal-Naquet, Tony Judt, Noam Chomsky, Judith Butler y muchos otros? ¿Son judeofóbicos los palestinos que luchan contra el poder del Estado judío que los oprime?

Sería absurdo exigir que los palestinos no sean antisionistas, aunque estén sometidos a una ocupación y colonización prolongadas, llevadas a cabo en nombre del proyecto sionista, que considera sus lugares de residencia como la patria del «pueblo judío».

DE JUDEÓFOBOS A ISLAMÓFOBOS

Por supuesto, la judeofobia siempre ha existido al margen de las protestas contra el expansionismo israelí, a veces de forma subrepticia, a veces de modo abierto. Dentro de la ultraizquierda, y a veces incluso de la izquierda radical, algunas personas, al manifestarse contra «Israel, el opresor», encuentran una oportunidad para reactualizar prejuicios que han heredado de sus padres o abuelos. Sin embargo, cualquier generalización dirigida a describir el antisionismo como un nuevo «antisemitismo» no solo es estúpida, sino también peligrosa, ya que es probable que reavive los rescoldos humeantes de la vieja judeofobia.

Los herederos de los viejos racistas no se convierten necesariamente en nuevos antijudíos. Los partidos políticos de la extrema derecha nacionalista en Europa suelen ser entusiastas partidarios de Israel, al que ven como modelo de cómo comportarse con los árabes en particular y también con los trabajadores extranjeros. Del italiano Matteo Salvini al húngaro Viktor Orbán, del holandés Geert Wilders al británico Nigel Farage, la extrema derecha europea está unida en un fuerte apoyo al Estado judío.

En Francia, Marine Le Pen ha llegado a excluir a su padre del partido que fundó, entre otras cosas por su público desprecio por el destino de los judíos durante la Segunda Guerra Mundial. Marine Le Pen ha dejado claro que los antisemitas y quienes pidan el boicot a Israel no podrán afiliarse al Front National (ahora rebautizado Rassemblement National). Es difícil negar que los islamófobos europeos ven al Estado de Israel como el bastión avanzado del mundo «judeo-cristiano», que se mantiene firme contra la expansión del islam.

A principios del siglo XXI, me encuentro ante una realidad bastante espantosa que me llena de pavor: la judeofobia ha dado paso a la islamofobia. El odio al otro se dirige ahora generalmente hacia otros «semitas». Apenas hay pobres migrantes judíos, chivos expiatorios de la población local; sin embargo, todavía existe la posibilidad de que se desarrolle un resurgimiento judeófobo, no solo dentro de la extrema derecha, sino también, en algunos casos, entre las nuevas víctimas del odio.

Algunos jóvenes árabes o musulmanes de origen inmigrante siguen siendo víctimas de la ignorancia, de la que se aprovechan los predicadores islamistas radicales, sobre todo en unas redes sociales que difunden una retórica de odio contra todos los judíos y las instituciones judías como representantes del opresor israelí. Un judío con kipá en un suburbio parisino es visto como cómplice de un brutal soldado del ejército de ocupación en Cisjordania.

Si bien es cierto que muchos judíos, que gozan de plena igualdad cívica en sus propios países, justifican, con diversos pretextos, el régimen de ocupación israelí y la desigualdad fundamental entre ciudadanos en el Estado judío, debemos reconocer su derecho a hacerlo, pero también el derecho a criticarlos con dureza. Tanto más cuanto que muchos judíos de Europa rechazan de pleno la política del gobierno israelí y, mediante esta postura cohesionada, contribuyen a evitar un recrudecimiento del antijudaísmo entre los inmigrantes del Magreb y de Oriente Próximo.

ODIO Y PENSAMIENTO ESTEREOTIPADOS

Este ensayo no se ha escrito con fines puramente académicos. También es evidente que mi intención no era producir otro escrito más sobre el «antisemitismo», para poder utilizar el sufrimiento de mis antepasados como coartada para el hecho de que formo parte de un pueblo que oprime a otro. Mi principal objetivo al escribir este texto era detenerme en los orígenes del odio a los judíos y aclarar las razones por las que ha perdurado en la cultura europea, que se autodefine sin reparos como «judeo-cristiana». Al final de este ensayo, no estoy en absoluto seguro de haber comprendido por entero todos los factores que han producido este odio de larga data.

He llegado a la conclusión de que Albert Einstein tenía razón cuando dijo que es más fácil romper un átomo que un prejuicio. Aunque la demonización y alienación del otro casi siempre forman parte de la construcción y el mantenimiento de una identidad colectiva, pocos consiguen escapar de ella. El pensamiento estereotipado sustentaba la autodeterminación de los grupos humanos en el mundo premoderno, y aún más en la era moderna. Se transforma en *dóxa* religiosa, nacional y racial, con la ayuda de las elites intelectuales. Las fronteras de las identidades colectivas pueden ser arbitrarias e imaginarias, pero, mientras contribuyan a proporcionar ilusiones, certidumbre y seguridad, tienen garantizada su perdurabilidad.

Pensar críticamente sobre la *dóxa*, desafiar las divisiones tradicionales entre «nosotros» y «ellos» son prácticas poco habituales, incluso raras. La historia de la relación entre los judíos y la civilización cristiana es uno de los mejores ejemplos al respecto y, por desgracia, la relación entre la mayoría de los israelíes y las minorías que viven entre ellos, o bajo su poder militar, no hace sino confirmarlo.

La amarga ironía de la historia es que si, en un pasado lejano, se decía en Alemania que los filosemitas eran antisemitas a quienes les gustaban los judíos, no sería excesivo considerar a muchos israelíes sus herederos.

EPÍLOGO

¿Judeofobia después del 7 de octubre de 2023?

> No sé si Jesús estuvo en la cruz. Sé quién lo puso allí:
> al parecer, fueron sus propios compatriotas.
>
> Jean-Luc Mélenchon, 15 de julio de 2020,
> en el canal de televisión BFM.

Una raza imaginaria fue escrito y publicado originalmente en hebreo en 2020. Aunque he dejado el texto del libro tal como estaba, me ha parecido inevitable añadir algunos comentarios sobre los acontecimientos relacionados con los judíos y el judaísmo desde el estallido del grave conflicto armado entre israelíes y palestinos tras el 7 de octubre de 2023.

En Israel y entre muchos sionistas de todo el mundo, el ataque del 7 de octubre fue denunciado de inmediato como un «pogromo antijudío», haciéndose eco del «odio eterno» que motivó todo el «Holocausto». El embajador israelí ante las Naciones Unidas, Danny Dannon, se apresuró a ponerse la Insignia Amarilla, y el presidente francés Emmanuel Macron condenó el evento como «la masacre antisemita más significativa de nuestro siglo». Sin embargo, el asalto asesino contra las comunidades israelíes fronterizas con la Franja de Gaza, bautizado por Hamás como «Operación Inundación de Al-Aqsa», fue antiisraelí y no antijudío. El profundo odio que estalló desde Gaza iba dirigido contra los israelíes que vivían al otro lado de la frontera, en tierras de las que los palestinos fueron desplazados a la fuerza en 1948. Es importante destacar que casi todos los miembros de Hamás, incluidos sus dirigentes, son descendientes de segunda y tercera generación de refugiados que nacieron y crecieron en la asfixiante pobreza de los superpoblados campos de refugiados. Las horribles crueldades del 7 de octubre nacieron del catastrófico desplazamiento –la *Nakba* (en árabe, «catástrofe»)– de 1948, mucho más que por la guerra de 1967 y la prolongada ocupación posterior.

La Carta Fundacional de Hamás de 1988 incluía observaciones teológicas antijudías explícitas, que fueron eliminadas o atenuadas en su edición «actualizada» de 2017. Desde entonces, el enemigo declarado de Hamás ya no es el judaísmo mundial, sino el movimiento sionista. Sin embargo, en varias publicaciones de Hamás, Palestina, «del río al mar», sigue siendo principalmente una tierra «Waqf» (sagrada). A los ojos del *Nacional-Islamismo* y de sus numerosos partidarios entre el pueblo palestino, una entidad israelí no tiene derecho a existir en Oriente Próximo y, por lo tanto, no puede sobrevivir ni sobrevivirá. Esta postura complementa bien las opiniones de muchos israelíes que siempre han negado que una entidad palestina tenga derecho a existir, o se han negado a ver su existencia como una opción viable de futuro.

Por desgracia, a muchos humanistas de izquierdas, críticos con el colonialismo, les resulta difícil aceptar el hecho de que la resistencia de los oprimidos a la ocupación y al apartheid pueda ser tan violenta y asesina como la de sus opresores. La historiografía escrita por autores llamados «progresistas» a menudo trata de justificar a los insurgentes y minimizar la crueldad de sus acciones. Algunos incluso celebraron, o al menos aprobaron, la violencia como fuerza liberadora –restauradora– de la subjetividad y la conciencia oprimidas (por ejemplo, Frantz Fanon o Jean-Paul Sartre). Se negaron a ver o, en todo caso, a reconocer que toda violencia –incluso la «justificada» por la opresión y el abuso humillante previos– casi siempre engendra un nuevo autoritarismo, como demuestra la abrumadora mayoría de los regímenes poscoloniales. La matanza por Hamás de israelíes civiles indefensos, incluidos ancianos, mujeres y niños, el 7 de octubre, el secuestro de 251 israelíes en Gaza y el bombardeo de objetivos civiles en Tel Aviv, no fue el comienzo de un genocidio contra los judíos, como afirmó repetidamente la propaganda israelí. Sin embargo, devolvió los debates sobre el sionismo, los judíos y la judeofobia al primer plano de la escena pública mundial. Es una ironía de la historia que Israel, Estado que muchos de sus fundadores vieron como una respuesta y una solución al odio y la violencia antijudíos en Europa, esté generando ahora, más que nunca, un nuevo tipo de judeofobia. Dentro de los marcos cada vez más amplios de quienes protestan por la opresión abusiva y prolongada de los palestinos, tanto en Gaza como en Cisjordania, han ido surgiendo diversas voces. Estas a menudo agrupan a todos los judíos y a sus descendientes ante cualquier injusticia perpetrada por el Estado de Israel. Simultáneamente, somos testigos de las luchas y dilemas de quienes se identifican como judíos en relación con el sionismo y la política de Israel.

Mientras algunos judíos religiosos, jasídicos y de otras creencias ultraortodoxas, en Nueva York y en otros lugares criticaban con dureza la ocupación israelí y la respuesta desproporcionada de las Fuerzas de Defensa de Israel contra los gazatíes, otros descendientes de judíos de todo el mundo sentían, quizá por primera vez en su vida, una nueva e incómoda vergüenza ante sus vecinos y colegas «gentiles». Tras condenar en voz alta y clara el ataque de Hamás, estos vecinos y colegas se muestran ahora conmocionados y alarmados por la horrible respuesta del ejército israelí contra todos los habitantes de Gaza, la mayoría de los cuales son civiles desarmados. Sin embargo, por muy alienados y preocupados que estén estos judíos no israelíes por la falta de apoyo entusiasta de sus vecinos a la guerra en curso en Gaza, aún no han emigrado en masa al único Estado judío. De hecho, desde el 7 de octubre, son más los israelíes que abandonan Israel que los «nuevos inmigrantes» que llegan al país.

Israel siempre ha tachado de antisemitismo cualquier crítica a sus políticas. Como se subraya en este libro, la ideología sionista hegemónica confunde por completo Israel con la comunidad judía internacional. Esta es una de las razones por las que Israel se define a sí mismo como el Estado del «pueblo judío», la mitad del cual sigue dispersa por todo el mundo, en lugar de como una democracia para todos sus ciudadanos israelíes, al margen de su religión o ascendencia. Al igual que Hamás se niega a reconocer la entidad nacional israelí, que, aunque se originó en un contexto colonial, se ha ganado una amplia y duradera legitimidad internacional, Israel también se niega a reconocer la legitimidad de la difícil situación de los palestinos. Asimismo, es fundamental reconocer que la eterna judeofobia mundial ha sido el mejor argumento del sionismo para justificar por qué todos los judíos (en el sentido restrictivo de los reconocidos como judíos por la ley del retorno del estamento rabínico israelí) deben inmigrar a Israel, independientemente de las preocupaciones por la seguridad y la prosperidad.

En la conclusión de este libro, argumenté que desde finales de la década de 1960 la aversión hacia los judíos en el mundo occidental ha ido disminuyendo. Aunque la hostilidad tradicional hacia los judíos perdura entre ciertos segmentos de las sociedades de Europa del Este, rara vez se traduce en políticas públicas de movimientos organizados o generalizados. En Europa Occidental, en cambio, los movimientos nacionalistas y de extrema derecha se han convertido en los últimos años en partidarios del sionismo y fervientes admiradores de Israel, en estrecha relación con la descarada islamofobia racial que se cultiva entre ellos.

Sin embargo, después del 7 de octubre, en medio de la desproporcionada narrativa victimista de Israel difundida junto con el brutal e indiscriminado ataque del ejército israelí contra la población gazatí, en las numerosas protestas contra el «Estado judío» han vuelto a surgir algunos temas judeofóbicos. Ante los graves crímenes de guerra cometidos por las Fuerzas de Defensa de Israel en Gaza, apoyadas de modo sistemático por Estados Unidos, se documentan cada vez más expresiones antijudías, desde pintadas en sinagogas y cementerios hasta agresiones verbales e incluso físicas a personas visiblemente judías (por ejemplo, que llevan kipá). El importante crecimiento demográfico de la presencia árabe y musulmana en el mundo occidental, debido al desplazamiento por los conflictos mortíferos que asolan el Oriente Próximo posterior a la Primavera Árabe, así como a la migración económica, también influyó en los renovados debates sobre el sionismo e Israel en Occidente. En las feroces manifestaciones propalestinas, no solo se llevaban kufiyas como símbolo de solidaridad, sino que también eran frecuentes las peticiones de eliminar el Estado de Israel y expulsar de Oriente Próximo a todos los judíos.

El tono antijudío que acompañaba a las críticas al sionismo era del mismo modo evidente en la nueva izquierda populista, que surgió y se aglutinó tras el declive de los movimientos obreros tradicionales en Europa y en todo el mundo occidental. En el corazón del nuevo populismo está la creación de ideologías conflictivas que forman campos políticos opuestos. Las expresiones ambiguas, relativamente marginales en el campo de la izquierda desde la década de 1960, cobraron un renovado impulso tras el 7 de octubre. Las desgarradoras imágenes de gazatíes asesinados, la hambruna de la población de la Franja de Gaza y la destrucción física sistemática de todos sus centros urbanos e infraestructuras contribuyeron a estimular, a finales de noviembre de 2023, el florecimiento de perspectivas que veían la guerra de venganza de Israel como un intento de genocidio real del pueblo palestino. Tanto en la izquierda populista de Francia, Gran Bretaña, Alemania y España, como en muchas universidades de elite de Estados Unidos, crecieron las protestas contra la «colonia sionista en Palestina», a menudo confundiendo irresponsablemente las críticas aceradas a las mortíferas políticas de Israel con unos comentarios genuinamente antijudíos. Estas protestas revelaban una mezcla de justas exigencias morales para poner término a la matanza y la guerra, así como para llevar por fin algo de justicia al pueblo palestino, con prejuicios contra el «judío eterno» que siempre es una amenaza para sus vecinos.

Desde el 7 de octubre, el deslizamiento del antisionismo al antijudaísmo se ha vuelto cada vez más «natural» y sin fisuras, de hecho a veces incluso se acepta como legítimo.

¿Existe todavía un delgado hilo que conecte a quienes creían, y creen todavía, que los judíos son responsables de la crucifixión de Cristo con muchos de los que insistentemente corean el ambiguo eslogan «Desde el río hasta el mar, Palestina será libre» («from the river to the sea, Palestine will be free»)? Es difícil responder inequívocamente a esta pregunta en este breve epílogo. Sin embargo, solo el día en que este eslogan sea sustituido por «Desde el río hasta el mar, todos deben ser iguales y libres» empezaremos a avanzar hacia una posible solución de este largo y doloroso conflicto.

Shlomo Sand, 1 de enero de 2025

AGRADECIMIENTOS

Quiero dar las gracias a todos quienes han contribuido a que este libro vea la luz, empezando por Michel Bilis, mi traductor al francés. También quiero dar las gracias a mis amigos Laure Bellœuvre, Richard Desserme y Julien Lacassagne. Debo un agradecimiento especial a Jean-Christophe Brochier y a todo el equipo de Éditions du Seuil. La ayuda que me ha prestado Varda, mi mujer, es inestimable, y estoy en deuda con ella por sus cariñosos ánimos.

ÍNDICE

AKAL / PENSAMIENTO CRÍTICO
ÚLTIMOS TÍTULOS PUBLICADOS

Z. Ali, R. S. Dieng, S. Federici, V. Gago, C. Meloni,
L. Olufemi, D. Ribeiro, S. Valencia y F. Vergès
Ganar el mundo
Herencias feministas
978-84-460-5640-9 | 192 pp.

Steven Forti
Democracias en extinción
El espectro de las autocracias electorales
978-84-460-5611-9 | 344 pp.

Ilan Pappé
Los diez mitos de Israel (2.ª edición)
978-84-460-5615-7 | 208 pp.

María do Cebreiro Rábade Villar
Maternidades virtuosas
Una crítica a los modelos de crianza
978-84-460-5591-4 | 160 pp.

César Rendueles
Comuntopía
Comunes, postcapitalismo y transición ecosocial
978-84-460-5493-1 | 208 pp.

Jennifer Guerra
El capital amoroso
Manifiesto por un eros político y revolucionario
978-84-460-5500-6 | 120 pp.

Richard Seymour
La tierra desencantada
Reflexiones sobre ecosocialismo y barbarie
978-84-460-5525-9 | 144 pp.

Susie Alegre
Libertad de pensamiento
La larga lucha por liberar nuestra mente
978-84-460-5417-7 | 400 pp.

Iñaki Domínguez
Homo relativus
Del iluminismo a Matrix. Una historia del relativismo moderno
978-84-460-5033-9 | 408 pp.

José Luis Moreno Pestaña
Los pocos y los mejores
Localización y crítica del fetichismo político
978-84-460-5038-4 | 144 pp.

Marco Sanz
La emancipación de los cuerpos
Teoremas críticos sobre la enfermedad
978-84-460-5037-7 | 160 pp.

Jack Goody
El robo de la historia
978-84-460-4904-3 | 464 pp.

Antonio J. Antón Fernández
El sueño de Gargantúa
Distancia y utopía liberal
978-84-460-4867-1 | 368 pp.

Richard Seymour
The Twittering Machine
(La máquina de trinar)
978-84-460-4914-2 | 304 pp.

Erik Olin Wright
Cómo ser anticapitalista en el siglo XXI
978-84-460-4999-9 | 192 pp.

Fernando Broncano
Conocimiento expropiado
Epistemología política en una democracia radical
978-84-460-4995-1 | 456 pp.

Alberto Santamaría
Políticas de lo sensible
Líneas románticas y crítica cultural
978-84-460-4912-8 | 432 pp.